कुकुर नक्षत्र

वाणी प्रकाशन
21-ए, दरियागंज, नई दिल्ली-110002
फोन : 23273167, 23275710 फैक्स : 23275710
e-mail : vani_prakashan@yahoo.com
vani_prakashan@mantraonline.com

कुकुर नक्षत्र

लेखक

अग्निएता प्लेय्येल

जोन टट के अंग्रेज़ी The Dog Star से

हिन्दी में अनुवाद

अखिलेश

मूल स्वीडी से मिलान, मदद और सलाह

लार्श एण्डर्सन

वाणी प्रकाशन का 'लोगो'
विख्यात चित्रकार मकबूल फ़िदा हुसेन की
कूची से

Hundstjärnan by Agneta Pleijel is published in Hindi as part of the Indo-Swedish translation project that involves a number of Indian and Swedish writers, translators and publishers.

The project is grateful to SIDA for its generous support.

ISBN : 81-8143-301-7

वाणी प्रकाशन
21-ए, दरियागंज, नयी दिल्ली-110002
द्वारा प्रकाशित

प्रथम संस्करण : 2005
Hundstjärnan was first published
in 1989 by Norstedts Förlag,
Stockholm

मूल्य : 195.00

Joan Tate's English translation
The Dog Star was first published
in Great Britain 1991

शुभम ऑफसेट, दिल्ली-110032
में मुद्रित

KUKUR NAKSHATRA
by Agneta Pleijel
Translated by Akhilesh in
consultation with Lars Andersson
Cover by Akhilesh

किशोर हो जाने से अभी तक प्लेआदेस से मिलने वाला सुख छिन नहीं गया है।

हमारी आँखों की निगाह, अन्धकार से भरी, उस पत्थर की ओर है जो गिरने को है।

लहरों की गति का वज़न अभी तक वुजूद में नहीं आया।

La Puberte' नामक पेंटिंग पर लिखते हुए *मैक्स अर्नस्ट*

प्लेआदेस (1) या सात सितारे *Taurus* समूह के हैं। इसके सबसे चमकीले सितारे, जिनमें से छह को हम आसानी से देख सकते हैं, हल्की धुँध से घिरे रहते हैं जो *Taurus* की विशाल अँधेरी धुँध से वाबस्ता है। (2) यूनानी मिथक ऐटलस और प्लेओनीस की सात बेटियाँ जिनका पीछा ओरियोन सात साल तक करता रहा, लेकिन जिन्हें वह पकड़ नहीं पाया, और ज़ीउस ने फिर उन्हें सितारों में बदल दिया।

सिरिउस, यानी लुब्धक तारा *Canis Major* या *Minor* का है, जिसे *Canicula* या *Dog star* भी कहते हैं। यह सबसे चमकीला सितारा है जिसका प्रकाश सूर्य से छब्बीस गुना ज़्यादा है।

अनुवाद के बारे में

इस उपन्यास को पढ़ते वक्त ही मुझे इसका अनुवाद करना चाहिए ख़्याल पक्का होता चला गया। मार्क शागाल की आत्मकथा पढ़ते वक्त भी यही ख़्याल पक्का हुआ। इन दोनों पुस्तकों में मुझे काफ़ी समानताएँ नज़र आयीं, पहली तो यही कि ये दोनों पुस्तकें शिकायत करती नज़र नहीं आतीं, न ही ये आत्मग्लानि से भरी हुई हैं। शागाल की पुस्तक की चर्चा छोड़ते हुए मैं सिर्फ़ इस पुस्तक के बारे में कहूँ तो इस पर ध्यान खींचना ज़रूरी लगता है कि इसकी नायिका अपने दुःखों को विस्तार से बतलाना नहीं भूलती। दुखों और तकलीफ़ों का ज़िक्र मनुष्य होने के नाते पूरे आत्मसम्मान के साथ करती हैं। उसमें ज़रा भी आभास सहानुभूति बटोर पक्ष पाने का नहीं है।

पूरी पुस्तक कविता की तरह अर्थों से भरपूर और अपने आस-पास फटकने वाले किसी भी समय से बाहर है। सब कुछ अवकाश में घट रहा है। कविता चित्रात्मक है।

सुश्री ब्रिगित्ता और श्री लार्श एण्डर्सन का मैं शुक्रगुज़ार हूँ जिन्होंने स्वीडन में शब्दों के अर्थ और पुकारने की सही ध्वनियों को ठीक किया।

सुश्री तेजी ग्रोवर का मैं धन्यवाद देते हुए विशेष रूप से कृतज्ञता ज्ञापित करता हूँ, जिन्होंने मेरे इस टूटे-फूटे अनुवाद को रसभरा और इस लायक बनाया कि पढ़ा जा सके। एक-एक शब्द के सही-अर्थ के लिए ज़्यादा से ज़्यादा शब्दकोश और फिर उनसे मिलते-जुलते बोलियों के शब्द ढूँढने में तेजी लार्श एण्डर्सन के साथ काफ़ी बहस करतीं और फिर सही शब्द मिलते ही जिस खुशी का इज़्हार तेजी के चेहरे पर होता वह मैं भूल नहीं सकता।

मैं उन सभी मित्रों का आभारी हूँ जिनके कारण मैं इस उपन्यास का अनुवाद कर सका, जिनमें उदयन वाजपेयी और ध्रुव शुक्ल प्रमुख हैं। उन अन्य सभी इस समय याद नहीं आ रहे और कभी याद नहीं आ सकने वाले मित्रों का भी आभारी हूँ जिन्होंने जाने-अनजाने इसके अनुवाद में मदद की।

रुस्तम ने हमेशा की तरह अन्तिम ड्राफ़्ट को ध्यान से पढ़कर सुधारने की

ज़िम्मेदारी ली।

मेरी पत्नी अर्चना और दोनें पुत्रों ईबयुग और भाद्रपद को भी कृतज्ञता पूर्वक याद करता हूँ जिन्होंने मेरी कई बेवकूफ़ियों, ग़लतियों को नज़र अन्दाज करते हुए अनुवाद के कार्य को जारी रखने में सहायता की।

Hundstjärnan यानी सीरिउस या लुब्धक तारे का नामकरण *कुकुर नक्षत्र* करने से यह शीर्षक मूल से मेल खाता है। पाठक लुब्धक का स्मरण करें।

अखिलेश

लेखक के बारे में

अग्निएता प्लेय्येल का जन्म 1940 में हुआ था। उनकी माँ संगीतकार और अनुवादक थीं और पिता गणित के प्रोफ़ेसर। बचपन के वर्ष उन्होंने स्वीडन और अमरीका में कई जगह अपने माता-पिता के साथ गुज़ारे और वे ही बताती हैं कि स्कूल के पहले आठ वर्षों में उन्होंने सात बार स्कूल बदला। लेकिन उनके मानस में गहरा पैठ जाने वाला इलाक़ा था स्वीडन का सुदूर दक्षिणी भाग, जहाँ के विशाल मैदानों में तेज़ हवाएँ चलती हैं। यानी यही *कुकुर नक्षत्र* की ज़मीन है।

साठ के दशक के प्रखर बौद्धिक और राजनीतिक माहौल में अग्निएता मुख्यतः आलोचना और निबन्ध लिखने की ओर प्रेरित हुईं और फिर शीघ्र ही नाटक भी लिखने लगीं। यूरोप, अफ्रीका और बाद में इण्डोनेशिया की लम्बी यात्राएँ कीं, और 1970 में *एक्स्प्रेसेन* नामक अख़बार के साँस्कृतिक पन्नों का सम्पादन करने लगीं। फिर ज़बरदस्त ऊहापोह के दौर में जैसे देखते-ही-देखते उनकी कविताएँ भी पाठकों के पढ़ने में आयीं और फिर 1981 में *फ़रिश्ते, बौने* संग्रह छपा।

यह पौलैण्ड में लोकतन्त्र की कठिन जचकी का समय भी था, जो शीत-युद्ध की चपेट में आये हुए यूरोप पर भी अंकित हो रहा था। अपने दूसरे पति के संग, जो एक निर्वासित पोलिश पत्रकार और लेखक हैं, वे पोलैण्ड के आपातकालीन भूमिगत संगठनों के सम्पर्क में आयीं। उनके दूसरा कविता-संग्रह *एक स्वप्न से आँखें* (1984) में इस दौर के कई बिम्ब देखने को मिलते हैं। 'उस समय के पोलैण्ड में रूबरू होने का अर्थ था कि आप अपने नकचढ़ेपन और शून्यवाद से नजात पा जाएँगे, भले ही आप स्वीडन में रहते हों।' (अग्निएता)

स्वीडी समाज की मोटी चमड़ी और स्वीडी ढाँचे के अन्ध-बिन्दु उनकी पत्रकारिता और राजनीतिक प्रतिबद्धता के विषय रहे हैं। वे खुद हमेशा एक नवागन्तुक की भूमिका में रहती हैं, जैसे वे स्कूल के समय से ही रही आयी हैं, और इसी वजह से वे व्यवस्था के ख़िलाफ़ खड़े हुए एक निपट अकेले व्यक्ति को काफ़ी बारीक़ी से देख पाती हैं। ख़ासतौर से पश्चिमी यूरोप में शरणार्थियों के प्रवेश को लेकर नौकरशाही का रुख उनकी तीखी नज़र से कभी बच नहीं पाता।

लेकिन जब उपन्यास लिखने की बारी आती है तो अग्निएता की प्रेरणा उनके अपने जीवन की गहनतम कन्दराओं से रिस-रिसकर बाहर आती है। पहले उपन्यास वह जो *हवा को देखता था* (1987) में उन्होंने अपने परिवार के इतिहास को अपनी

कल्पना में पुनः रच लिया है : नाना जो चित्रकार बनना चाहते थे, जो जावा चले गये, अधिकाँश जीवन औपनिवेशिक रोपण उद्योग में काम करते रहे। जिन्होंने एक जावानी औरत से ब्याह किया, और अन्ततः अपनी पत्नी को लेकर स्वीडन लौट आये और अपनी आख़री साल सेबों की बागवानी करने और चित्र बनाते हुए बिताये। जावानी नानी सहित इस महाकाव्यात्मक कैनवस पर उभरे हुए अन्य सदस्य जीवन की गुप्त जड़ों के मिथकीय अग्रदूतों की तरह सामने आते हैं; इसके साथ-साथ कथा-वाचक लिखने की प्रक्रिया पर चिन्तन भी करता चलता है और आत्म-छवि के रूप धरने की बारीकियों पर भी।

कुकुर नक्षत्र के बाद के तीनों उपन्यासों में अग्निएता की क़िस्सागोई और उनकी आत्म-खोजी साफ़-बयानी बिलकुल अन्य दिशा में निकल गयी है। वे अब यह समझने की कोशिश में भी हैं कि स्त्रीत्व क्या है, ऐतिहासिक तौर पर और इतिहास की शर्त के तौर पर। मेरे भीतर ऐसा क्या है जोकि स्त्री है? मेरे भीतर के कौन से ऐसे कक्ष हैं जिनमें उसका प्रवेश है याकि नहीं है? स्त्री होने में ऐसा क्या है जिसमें मेरे लिए कोई जगह नहीं है ? और यह अजीब लग सकता है कि *फफूँदे* (1993) जैसे उपन्यास में यह प्रश्नाकुलता एक पुरुष चरित्र द्वारा वहन की जा रही है। शॉपेनहूर की एक पुस्तक के फ़ुटनोट की गुमनामी से उठाया हुआ एक जर्मन फ़्राँज़ विल्हेल्म युँगुह्न इस उपन्यास का अहम क़िरदार है। उन्नीसवीं शताब्दी के यूरोप, अफ़्रीका और इण्डोनेशिया में स्थित इस उपन्यास को Picaresque कहा जा सकता है।

स्कॉटहोम में शीत ऋतु (1997) में कथा-वाचक एक प्रौढ़ स्त्री है--प्रेम की सीमाओं और प्रेम के जानलेवा हश्र की यह कहानी बोस्निया के युद्ध के सन्दर्भ में घट रही है।

उनके अन्तिम उपन्यास *लॉर्ड नेवर मोर* का कैनवस बहुत बड़ा है और विश्व के प्रायः सभी देश इस उपन्यास में किसी-न-किसी प्रसंगवश कथानक में उभर आते हैं। ब्रॉनिस्लॉ और स्टानिस्लॉ, ये दो पोलिश मित्र गर्म देशों की यात्रा पर निकल जाते हैं जहाँ उनमें ठीक उसी समय दुराव पैदा हो जाता है जब दुनिया पहले विश्व-युद्ध की गर्त में गिर रही थी। दोबारा दोस्त न बन पाने की अक्षमता इतने सूक्ष्म रेशों में बुनी गयी है कि आधुनिक अनुभव ही में आयी दरार-सी महसूस होती है।

हाल ही में प्रकाशित हुई *आँटियाँ और अन्य कविताएँ* (2004) की कई कविताओं में हिमपात जैसा सारल्य है। स्मृति की बुनकरी—एक साफ़ शफ़्फ़ाफ़ पल।

वे कहा करती हैं, 'सौन्दर्य सुन्दर शब्दों से नहीं बनता—गहनता, आयाम, देखने के ढंग, और अनुभव से बनता है।'

लार्श एण्डर्सन

'मनुष्य जाति किसी भी मात्रा में प्रेम को सह नहीं सकती'

वह पहली मुलाक़ात थी, 1997 में, और अग्निएता का घर था। उनके स्वीडी उपन्यासकार मित्र लार्श एण्डर्सन मुझे वहाँ ले गये थे। पतझड़ की वह कालिमा मन को डस गयी थी जो इस उपन्यास के पहले पैराग्रॉफ़ में लिखने के एक अप्रत्याशित ढंग को प्रकाश में ले आती है। कालिख की भाषा में यह रोशनी वाक्यों को इस क़दर उद्दीप्त रख सकती होगी, पता नहीं था।

स्यदर, यानी स्टॉकहोम का फ़ैशनेबल दक्षिणी भाग–और जिस गली से होकर उनके घर जाना था, उसके नाम में एक भालू था। दिल वैसे ही धड़क रहा था क्योंकि जोन टेट के अनुवाद में कुछ-कुछ मुझे दिख गया था। वे शीघ्र ही *मेरी* और शायद *हमारी* लेखक होने जा रही थी। उनके पोलिश पति मैचे, फ़ाउस्ट को लुभा ले जाने वाले मेफ़िस्टोफ़िलीस की भूमिका अदा करने लायक चेहरा लिए दरवाज़ा खोल रहे थे। बाद की मुलाक़ातों में धीरे-धीरे पता चलता रहा कि वे स्वीडी राज्य में गढ़ा हुआ एक भीषण कंटक हैं, जो 'वेल्फ़ेयर स्टेट' के मिथक को छेदने में कोई कसर नहीं छोड़ा करते। कहीं कोई चूक हुई नहीं कि सबके ज़ेहन में मैचे कौंध जाते हैं। मसलन वे पाकिस्तानी घोड़े जो (उपहार-स्वरूप) स्वीडन के तट पर पहुँचते ही गोली से उड़ा दिये गये थे–(ट्राय के घोड़े, जीवाणु छिपे थे ?)। या फिर 'मूढ़-किसानों, 'खानबदोशों' और 'मन्द-बुद्धि' लोगों की नसबन्दी को लेकर जो मुहिम चला था।

अग्निएता उन्हीं के संग रहती हैं–एक लौ के कक्ष में दूसरी लौ, जिसके भीतर मोम का एक टीला है, प्रेम का वह अतिरेक, वह बाहुल्य जो उनकी हर कृति में जाकर बस गया है और काले-सियाह वाक्यों में भी टिमटिमाहट को बुझ नहीं जाने देता। जादू से भरी हुई मनुष्य जाति, काला-कलूटा निसर्ग।

बहरहाल, वह पहली मुलाक़ात। उनकी नानी स्वीडी नहीं थी। आधी डच और आधी जावानी थीं वे। उनकी छायाएँ अग्निएता के सभी पन्नों पर आती-जाती रहती हैं। और उनकी एक तसवीर थी जो उस दिन मैंटल-पीस पर धरी थी। 'ओ माय गॉड', अग्निएता ने मुझे देखा और बोलीं। उन्होंने अच्छे-से एकबारगी फिर मुझे देखा, इससे पहले कि वे उस तसवीर के सामने मुझे ले जाकर खड़ा कर देतीं। वाक़ई, वह चेहरा मेरा ही था, कोई तीस-एक बरस बाद का, अग्निएता ने अटकल लगाते हुए मुझे बतलाया,

और एक बार फिर मेरी ओर देखते हुए।

इस मुलाक़ात के एकदम बाद *Hundstjärnan* यानी लुब्धक तारा (जिसे स्वीडी मूल का ध्यान रखते हुए हम लोगों ने *कुकुर नक्षत्र* ही कहना चाहा), हिन्दी में *नीला* नामक एक उपन्यास को जैसे अनायास अस्तित्व में ले आया। यह उपन्यास भी अग्निएता प्लेय्येल के *Hundstjärnan* को समर्पित है।

यानी यह प्रेम अब चल निकला था। जोन टेट के अंग्रेज़ी 'द डॉग स्टार' की फिर कई प्रतियाँ भारतीय मित्रों के हाथ लगीं, अग्निएता की अपार कृपा से, उन्होंने कभी मना नहीं किया। वैसे भी 'अंग्रेज़ी' जगत में यह किताब खपने वाली नहीं थी, यह मानस किसी भी तरह से अनुकूलित होने वाला नहीं था। इसे अन्य अनोखी किताबों की तरह ही अपने एक-एक पाठक को आविष्कृत करना था, और इस आविष्कृत पाठक के लेखक पक्ष के साथ एक खेल खेल जाना था।

इन मित्रों में से अखिलेश भी थे—निरे चित्रकार, लेकिन वे किताबों का, कविता-उपन्यास-कहानी का नशा भी करते हैं, और यदा-कदा कश लगाये अपने स्टूडियो में चित्र बनाते, मित्रों को दीख पड़ते हैं। अग्निएता की यह किताब उन्हें ले बैठी थी, तब तक कुछ अन्य मित्रों को भी, और फिर जैसे अलग-अलग कोनों से धुँआ उठ रहा था। अखिलेश के इस कथन से अग्निएता अपनी किताब के बारे में एक दूसरे ढंग से सोचने लगीं कि *कुकुर नक्षत्र* समय में नहीं 'स्पेस' में घटित होता है।

समय, जिसे आधुनिक यूरोपीय और अमरीकी उपन्यास ने तरह-तरह से भाप में उड़ाया, और कई युक्तियों और अलंकारों से उड़ते हुए दिखाया भी, अग्निएता के उपन्यास में आकर एकदम शमित हो गया। रूपक बदलें, तो कोई सीवन दिखायी नहीं देती, न कोई दरार, एक 'गुलाब-कली मेज़पोश' के चक्रिल बिम्ब में, वह प्रेम के ऐसे अतिरेक में रूपायित हो गया जिसे अखिलेश के चित्रकार ने एकदम बढ़कर अपने पाले में कर लिया।

उधर स्टॉकहोम में अखिलेश के एक कैटालॉग के भरोसे ही अग्निएता धीरे-धीरे उनकी चित्रकला को लेकर भी कौतूहल से भर उठीं। उन्होंने हाल ही में एक पत्र में हमें बताया कि *कुकुर नक्षत्र* लिखने की प्रेरणा उन्हें मुख्यतः पोलिश-यहूदी चित्रकार ब्रूनो-शूल्ज़ से मिली थी, जो शानदार काव्यात्मक गद्य भी लिखते थे और जिन्हें 1942 में गेस्टापो ने मौत के घाट उतार दिया था। उसी खत में उन्होंने यह भी लिखा कि पोलिश और स्लावी संस्कृति उनके लिए काफ़ी मायने रखती है, जैसे कि जावानी भी; जावा में उनकी माँ बड़ी हुई थी; उसी ख़त में यह भी कि उनके नाना ने अपने जीवन की शुरुआत चित्रकला से ही की थी, नानी के पिता भी चित्रकार थे। नाना ने इण्डोनेशिया

में तीस साल बिताये और फिर नानी और बच्चों के साथ स्वीडन लौटकर वहीं बस गये थे। कि *कुकुर नक्षत्र* ने एक भारतीय चित्रकार की कल्पना को छू लिया है, इस बात का असर भी अग्निएता के ख़त में है। उनकी पहली किताब के अहम क़िरदारों की प्रेरणा भी चित्रकार नाना और जावा-निवासी नानी ही थीं। नाना, नानी और माँ दर्शन और चित्रकला, नाटक, कविता और मित्र, मैचे की घनघोर जुझारू उपस्थिति; यह कुछ-कुछ अग्निएता का संसार है, और हम प्रसन्न हैं कि इस संसार में हमारा होना भी कुछ-कुछ जुड़ गया है।

इस अनुवाद में अखिलेश की मालवी ज़बान की जो बघार है वह खड़ी बोली की सीमाओं को कुछ हद तक पार करने की कोशिश करती है। भाषा का ताप मूल से कहीं बहुत कम न रह गया हो, ऐसी मित्रों की भी इच्छा रही है।

अग्निएता और मैचे की पहली भारत यात्रा और बैंगलोर में हो रही भारतीय-स्वीडी संगोष्ठी के सिलसिले में यह उपन्यास *कुकुर नक्षत्र* हिन्दी में प्रकाशित हो रहा है।

तेजी ग्रोवर

पहला अध्याय

यह उन दिनों की बात थी जब रोशनी क्षितिज पर चमककर ग़ायब हो जाती थी। कुछ-कुछ इस तरह जब कैंची गहरे रंग के ऊनी कपड़े को यहाँ-वहाँ काटती है और वो कहीं-कहीं से मोटा है, सो छोड़ देती है।

हमारे कस्बे में ठण्ड के दिन अक्सर ऐसे ही होते हैं। रोशनी थोड़ी-सी फिसलती है, बस इतना ही। मैदान और आसमान के अँधेरे के बीच एक छोटी-सी झिरी, उसमें लोग तेज़ी से आ-जा रहे हैं जैसे कि वे शर्मसार हों या घबराए हुए, बुद्धू से दिखायी देते, फीके उनके चेहरे। फिर झिरी बन्द हो जाती है और एक मटमैली कँपकँपाती रोशनी थोड़े से समय के लिए क्षितिज पर चमकती दिखायी देती है या हो सकता है कि यह तुम्हारी आँख के भीतर ही हो।

फिर अँधेरा है और यह कहना मुश्किल है कि कहाँ शहर ख़त्म होता है और कहाँ से मैदान शुरू।

हमारा कस्बा रेत में आधे उलटे हण्डे की तरह है, सर्दियों का अँधेरा उस पर पानी या समन्दर की तरह बहता है। स्कूल के बाद, बच्चे उसमें से दौड़ते हुए घर लौटते हैं। हम लोगों को जो शहर से बाहर रहते हैं हमेशा किसी अनजान की चिन्ता करनी होती है। किसी अप्रत्याशित अँधेरे के बहाव की जो हम सबको मैदान में बुहार ले जाता है, जिस पर साल के इस वक्त कोई साफ़ पहचान चस्पाँ नहीं है। अँधेरे द्वारा बच्चों को बहा ले जाने वाली अनेकों कहानियाँ मौजूद हैं, जिसमें वे निगल लिए गये थे और ग़ायब हो गये थे।

कस्बे में, झुटपुटा होते ही सड़कों की बत्तियाँ जल उठती हैं, किन्तु मैदान में इतनी भी रोशनी नहीं है जो कुछ कदम का अँधेरा चीर सके, हर कोई यह जानता है और अलावा इसके कोई उम्मीद नहीं है।

एक दिन जैसे ही मैं स्कूल की बाहरवाली सड़क पर अपनी सायकिल पर झूमती निकली कि किसी ने आकर मेरा हैण्डलबार पकड़ लिया। यह सड़क की बत्तियाँ जलने से पहले वाली मटमैली रोशनी में हुआ और जो व्यक्ति मेरा इंतज़ार कर रहा था उसका संकरा चेहरा ज़र्द था, जिस तरह के चेहरे तुम उन ख़ास जानवरों के देखते हो जो पानी के नीचे रहते हैं जहाँ सूरज की रोशनी नहीं पहुँचती। चेहरा हैण्डलबार के ऊपर खुद-ब-ख़ुद तैरता प्रतीत हुआ। मैंने अपने पैर नीचे टिका दिए।

फिर वह धुँधला पैबन्द साफ़ हुआ और एक दुबले चेहरे में बदल गया जिसके मुँह के कोण तीखे थे। बाल सुनहरे और फूले हुए थे जिन्हें पीछे ले जाकर पोनी-टेल में बाँधा गया था। मैं इस व्यक्ति से घबरा गयी थी जिसने अपना चेहरा तपाक से फेंक दिया था। वह स्त्री से ज़्यादा लड़की थी, मैं उसे पहचान न सकी, किन्तु उसने मेरा कन्धा पकड़ मुझ पर झुकते हुए कहा : 'मैं अदेल हूँ, तुम्हारी बहन'।

यह सब हैरान करने वाला था, मैं कुछ कह न सकी। मैंने उसे पहले कभी नहीं देखा था। उसकी आँखें गहरी थीं उस क्षणभंगुर धुँधले प्रकाश में, किन्तु उसी क्षण सड़क की बत्तियाँ जल उठीं और मैंने देखा कि वे चमकदार नीली थीं।

उसका मुँह लाल था। वह पीला-सा डफ़ल कोट पहने थी जिसके बटन गले तक बन्द थे, मैंने उसके ज़र्द चेहरे को घूरा, इस इंतज़ार के साथ कि वह कुछ और कहेगी। किन्तु उसने हैण्डलबार छोड़ दिया जैसे वह, वह सब कह चुकी है जो उसके दिमाग़ में था, फिर वह अपनी एड़ियों पर घूमी और चली गयी।

मैं पीछे मुड़कर उसका जाना देखती रही। दुबली टाँगें और नीला-सा स्कर्ट, काफ़ी छोटा, किन्तु उसने अलविदा कहने के लिए अपना हाथ भी नहीं उठाया।

चौराहा, वृद्ध-आश्रम, पेड़ों के नीचे और उस रेलवे लाइन के किनारे, जहाँ आखिरी स्ट्रीट लैम्प खड़ा है, आदि तमाम जगहें मैंने सायकिल से पार कीं, फिर सीधे मैदान के अँधेरे में घुस गयी। बल खाती गतियाँ और अँधेरे की धाराएँ मुझ पर छा गयीं, और ख़ुद को सीधा रखने के लिए मैंने अपने दस्ताने हैण्डलबार के उन रबर हैण्डल्स पर कस लिए। बीच-बीच में किसी कार के टायर की गीली आवाज़ अँधेरे में, किन्तु

मैंने अपना सिर नहीं उठाया, इस तरह अपने बहुत भीतर ही अदृश्य बनी रही। यह सबसे अच्छा ढंग है। अपने एकान्त में आप अपने भीतर किसी एक बिन्दु पर खुद को एकाग्र कर लेते हैं। किंचित ही आपका अस्तित्व है, और हवाएँ और अँधेरा और झोंके और मैदान का घिनौना चुस्सड़ मुँह और बाकी सबकुछ सिर्फ़ पिशाच कथा है जिसे तुम सुनाने की ज़ेहमत नहीं उठाते।

ऐसा बहुत कुछ है जिसकी बात नहीं होती।

मैं अक्सर सोचती हूँ कि वह जो कहा नहीं गया है एक धूसर की तरह एकत्र और पुख्ता हो जाता है, और चेतना की बाहरी सतह पर खीजता डला रहता है। एक बात खिंची चली जाती है उन तमाम दूसरी बातों के बीच जिनके कोई नाम नहीं हैं। हम जिनका कोई हिस्सा इसमें नहीं है वे भी इस खीज को महसूस करते हैं।

उन दिनों मैं ऐसा नहीं सोचती थी।

बहुत समय तक मैं यह सोचती रही कि अदेल के साथ वह पहली वाली मुलाक़ात एक सपना था। हाँलाकि इसने मुझे अचम्भित ही किया कि वह कहाँ से आया। मैं जानती थी कि हम हमेशा से इस कस्बे में नहीं रहते आये थे। हम लोग एक दिन आये। जैसे ही मैं इस बारे में सोचती हूँ मैं एक चित्र देखती हूँ।

सबसे पहले मेरे पिता आते हैं एक चमकदार पँखों वाले चमकीले काले भौंरे के आकार में। वे कस्बे में उड़ते हुए झपट्टा मारकर नीचे उतरते हुए आते हैं और उनके पीछे, अपने हाथों में उनकी काली पूँछ को पकड़े हुए झिलमिलाती हुई नीली ड्रेगन फ्लाई : सीरि, मेरी माँ।

फिर मैं। मेरे बाद, मेरा भाई।

यह पूरा चित्र ग़लत है, मैं जानती हूँ।

जब लामेक और सीरि यहाँ आये, उनके साथ सिर्फ़ मैं थी। और फिर भी मैं हम सबको एक कतार में देखती हूँ, हम चारों, दो बड़े कीड़े और दो छोटे, कस्बे

की ओर तिरछे-उड़ते हुए, सूरज की बेदाग़ रोशनी हमारे नीचे थी, तेज़ रंगों में कस्बे के चर्च और जल मीनार, और उसकी सँकरी गलियाँ, बगीचा, तालाब और फव्वारा दिख रहा था, एक मज़ेदार चित्र की तरह।

फिर हम पहुँचे, और हम लम्बा रास्ता तय कर चुके थे और काफ़ी समय से उड़ रहे थे। किन्तु लामेक जोश और मक़सद लिए हवा में भनभनाता रहा, उसके ऊपर फूला लहराता फीका नीला आसमान अपने सफ़ेद बादलों और एक पीले सूरज के साथ। और उसके पीछे सीरि आयी, फिर मैं और हूगो।

हम लोग कहाँ से आये थे? मैं नहीं जानती, किन्तु यह आना खुशनुमा था। चित्र कुछ-कुछ ऐसा ही था। किन्तु मुझे इसे फिर से दुरुस्त करना जरूरी था। एक दिन मैंने अपने पिता से पूछा कि उनकी कितनी बेटियाँ थीं।

यह वसन्त ऋतु में ही हुआ होगा, क्योंकि हम लोग रसोईघर की मेज़ पर बैठे थे जिस पर गुलाबी चौकोर खानों वाला मोमजामा है, जिसका हर चौखाना एक दूसरे में घुसती हुई, गुलाब की कलियों से बना है, और रसोईघर की खिड़की के बाहर ऊँचा आसमान झुका हुआ और हल्का था।

मैदान रेंगकर दूर चला गया था और सिर्फ़ पट्टी की तरह जान पड़ता था। आसमान फैला और चौड़ा हो गया था, हम लोग प्रकाश के गुम्बद के तले बैठे थे, दीवारें दूर और शीशे की तरह पारदर्शी थीं। मैदानों में वसन्त की रोशनी ऐसी ही हुआ करती थी।

किन्तु पिता मुझे मेज़ के उस पार से देख रहे थे, उनकी आँखें पीली थीं, उस पीली मिठाई की गोली की तरह जिसे आप देर तक चूसते रह सकते हैं, और वे हैरान नज़र आ रहे थे। 'तुम जानती हो' उन्होंने कहा। 'तुम हो न मेरी'।

वे अपना कॉफ़ी का कप लिए टेबल पर बिछे मोमजामे पर बनी गुलाब की कलियों पर, जिसे सीरि ने चुना था, मुझे घूरते हुए बैठे थे। उन्होंने अपना हाथ अपने गाल पर फिराया, नज़र को उन्होंने खिड़की के बाहर वसन्त के सफ़ेद आसमान में घूमने दिया। लंबे समय तक वे कुछ नहीं बोले, फिर वे उठ खड़े हुए, अपना कप

नल पर ले जाकर धोया और पुराने जर्जर लकड़ी के रैक पर रख दिया।

यह रैक दादी का था।

उन्होंने अपना पीला ब्रीफ़केस और बाईसिकल की क्लिपस् उठायीं और बिना अलविदा कहे चले गये। मैंने उन्हें गेट के बाहर सायकिल पर अपना पैर लहराकर चढ़ते हुए देखा। वे अपनी भूरी जैकेट और भूरी चौकड़ी का पैण्ट पहने थे, और सड़क के दूर कोने पर सायकिल चलाते हुए वे नज़रों से दूर हो गये। मैं वहीं खड़ी रही जहाँ मैं थी।

मेरे भीतर शर्म का ख़ास एहसास था।

सर्दियों के एक दिन जो व्यक्ति मुझे कन्धे पर हाथ रखकर ले चला था, उसमें डूब गया, जो कुछ ऐसा है जिसका कोई नाम नहीं है। उसके बाद मैंने लामेक से उसकी बेटियों के बारे में कुछ और नहीं पूछा। इस घटना के बाद मैं जानती थी वह झूठ बोल रहा था।

बाद में, मैंने सोचा कि इस तरह, अदेल, उसी तरह मेरे द्वारा धकेल दी गयी थी, उस धूसर और तलघट में जहाँ वह उन बातों से जा जुड़ी जिनके बारे में आप कुछ नहीं कहते, और जिन्हें आप झुठला देते हैं, या फिर आप ऐसी बातों को और कोई भी नाम दें, जिनके बारे में आप जानना नहीं चाहते।

दादी बिस्तर पकड़ने और मरने से पहले वास्तव में एक बूढ़ी कुतिया थी।

सीरि अक्सर यही कहा करती थी। वह अपने ख़ास तरीके से कहती थी कुत्ती ई ई ई! उसकी नीली आँखें जंगली हो जातीं और गालों पर लाल धब्बे उभर आते। यह दादी के मरकर ठण्डे हो जाने के बहुत बाद तक होता रहा।

हमारे पास दादी का छोड़ा हुआ सिर्फ़ बर्तनों का रैक और घर ही नहीं था बल्कि मेरा नाम भी था। इंगेर्ट वह नाम है जो भद्दा और हास्यास्पद दोनों ही है, मैं मानती हूँ। एक साधारण नाम, सीरि कहती थी। वह दादी का नाम था। और फिर

भी मुझे पसन्द था। मेरे लिए अपने किसी दूसरे नाम की कल्पना करना मुश्किल था।

सीरि की सोच अलग थी।

सीरि के दादी से मिलने से पहले मेरा नाम रखा जा चुका था।

वह लामेक से मिली और उसके शरीर के अंगों में शहद भर गया (जैसा कि वह बतलाती थी) स्कान्सेन नृत्य-कक्ष में। वह सहज ही शहद की चिकनी सतह में तब्दील हो गयी थी जिसे लामेक ने तुरन्त ही चाट लिया था।

मेरे लिए यह कल्पना करना मुश्किल है कि वास्तव में यह कैसे हुआ होगा। किन्तु युद्ध खत्म हो चुका था। सीरि को धूसर फटा कार्डिगन फेंके काफ़ी समय हो चुका था। उसका आना हो चुका था, आस्तीन पर लिखा पता लिए हुए। पिता लूमा में काम करते थे—लू ऊ मा, सीरि कहती थी—जहाँ वे बिजली के बल्ब बनाते थे।

आर्केस्ट्रा 'ओ बाल द लामूर' बजा रहा था। सीरि अपनी काली नयी पोशाक पहने थी जिसमें से उसके उरोज़ झाँक रहे थे और वह पूरा आदमी (पिता) चमक उठा जैसे कि उसने ग़लती से या संकल्प से बिजली का बल्ब निगल लिया हो। वह उसके बाहर चमक रहा था, ख़ासतौर से उसकी आँखों के बाहर, किन्तु चमड़ी के भी बाहर और उसके कन्धों के ऊपर और उसकी हथेलियों में और उसके हाथों में और अवर्णनीय जगहों पर भी, सीरि कहा करती थी, और जो भी उससे मिलता था वहीं-का-वहीं पिघल जाया करता था।

सीरि अपना काला किमोनो पहने थी जिस पर ड्रेगन थे जब उसने यह मुझसे कहा, और वह अत्यंत गुस्से में थी, वह दीवारों की तरफ़ दौड़ रही थी, उन्हें पीट रही थी। उसके बाद वह कई दिनों तक तैयार नहीं हुई, और उस किमोनो के नीचे वह नग्न थी, उसके स्तन बाहर निकले आ रहे थे, उसके लंबे बाल उलझे और अस्त-व्यस्त थे।

हूगो रसोईघर की मेज़ पर अपना मुँह खोले बैठा था। वह भयभीत नज़र आता

था। उसका मुँह खुला था और वह अपना रेखांकन भूल चुका था।

वह ऐसा ही था। वह अपना बचाव नहीं कर सकता था।

मैंने सोचा यह दिलचस्प था, जैसा कि हमेशा होता है, जब तुम्हें बताया जाये कि ज़िन्दगी कैसे शुरू हुई। अच्छी कहानियाँ हमेशा इसी के बारे में होती हैं। एक मैंने पहले कभी नहीं सुनी थी कि मैं पैदा कैसे हुई थी। कई बार यह समझना मुश्किल होता था कि सीरि क्या कहना चाहती थी, क्योंकि वह कभी चिल्लाती तो कभी धीमे बोलती, फिर रोने लगती।

वह गुलाब की कलियों वाले मोमजामे के पास बैठी थी, उसकी बाँहें उसके सामने इस तरह रखी थीं जैसे वे काटी जा चुकी हों, या मृत हों, हथेलियाँ ऊपर की तरफ़। उसके चेहरे पर लाल धब्बे उभर आते जब वह नाक सुड़कती और सुबकती थी। आप ऐसा सोच सकते थे कि वह नशे में थी, लेकिन ऐसा न था। वह मोम या शहद की तरह थी, उसके बिजली के बल्ब वाली आँखों वाले चेहरे के सामने वह सुड़क उठी थी।

वह उसको पूरा चाट गया था, और इसके पहले कि वह जान पाती कि क्या क्या था, वह किराए के कमरे के फ़र्श पर खुली पड़ी थी, चीखती और जन्म देती हुई (अर्थात मुझे)। और मैं डायन की बेटी थी। हूबहू लामेक जैसी। पूरे शरीर पर हर तरफ काले बाल, पीली आँखें। मैं कह नहीं सकती कि यह सुनना मुझे अच्छा लग रहा था जब सीरि यह सब उगल रही थी, किन्तु आपको यह याद रखना होगा कि वह काफ़ी हिल गयी थी।

हूगो मांस की अलमारी के साथ कोने में खड़ा था, अपने ड्राइंग पैड को अपनी छाती से कवच की तरह चिपकाए था। वह बेवकूफ़ दिखायी दे रहा था। मैंने अनुमान लगाया कि वह सोच रहा था कि इन सबसे बच निकलेगा, किन्तु वह ग़लत था।

'उसके बाद क्या हुआ?' मैंने सीरि से पूछा।

सीरि उस घर से निकाल दी गयी थी जब मैं उसके किराये के कमरे में पैदा हुई। लेकिन पहले मकान मालकिन लामेक को पकड़कर लायी। यह सीरि ने उस वक्त बतलाया

जब मैंने पूछा कि उस समय पिता कहाँ थे। अब तक वह शान्त हो चुकी थी, मैंने पूछा कि क्या मकान मालकिन लूमा गयी थी।

लेकिन ऐसा नहीं था, क्योंकि वे अपने दिन का काम बिजली के बल्ब बनाने वाली फ़ैक्ट्री में खत्म कर चुके थे। मकान मालकिन सीरि के बताये पते पर गयी जहाँ लामेक उस कुतिया के साथ रहता था। दादी नहीं, कोई दूसरी कुतिया।

और वह सीरि के कमरे में आया, मकान मालकिन द्वारा लाया गया। वह दरवाज़े के बीचोंबीच खड़ा था और उसने उसे देखा। उसने देखा रोयेंदार भूरी दीवाल के कागज़ को और लोहे के पलंग रखने की जगह को और ड्राअर्स को और सीरि के नीचे बिछी खून से सनी चादर को। उसने देखा सँकरी खिड़की को जो आँगन में खुलती थी, और दो घोड़ों के चित्र को, एक काला और दूसरा पीला। उसने मुझे देखा।

मैं सीरि के पास ज़मीन पर लेटी थी, रिरिया रही थी, ज़िन्दा और सकुशल। फिर लामेक ने अपना आदमी होना जतलाया, जो वह था। सीरि ने स्वीकार किया। उसने सीरि को पोंछा और नाल को काटा और फ़र्श को साफ़ किया और चादर को फेंका और मुझे देखा। उसने मकान मालकिन को शान्त किया और वादा किया कि वह हम दोनों, मुझे और सीरि को वहाँ से दूर ले जायेगा।

और उसने ऐसा ही किया।

हमने ट्रेन पकड़ी, पिता, सीरि और मैं।

मैं मई के महीने में वृषराशि में पैदा हुई। और हम कस्बे में आये और वैसे बिलकुल नहीं जैसे मैंने सोचा था। रेल की लम्बी यात्रा में पिता और सीरि ने एक-दूसरे से सुलह कर ली और उन्होंने एक-दूसरे से प्रेम निभाने का वादा किया और सारी ग़लतफ़हमियाँ दूर कर लीं।

मई का सूरज रेल की खिड़की के बाहर और डिब्बे में चमक रहा था। सीरि और मैं पिता की पीली आँखों से गर्म थे। लामेक तुरन्त ही मेरे साथ घुलमिल गया। सीरि ने जब यह कहा वह लगभग सन्तुष्ट दिखायी दे रही थी। हूगो हिम्मत करके मेज़ के किनारे तक अपना ड्रॉइंग पैड लिए आ चुका था और अब इतनी बुरी तरह

से ज़र्द और डरा नहीं दिखायी दे रहा था।

मेरा नाम स्मोलान्द में कहीं रखा गया था। यह सीरि का ही विचार था कि मुझे दादी का नाम दिया जाए। हाय, हाय सीरि फिर से उत्तेजित हो गयी जब उसने अपनी इस ग़लती के बारे में सोचा। वह उछली और रसोई में चारों तरफ़ दौड़ने लगी, अपने शरीर के चारों ओर अपनी बाँहें फेंकते हुए, सुबकते और सुड़कते हुए। यह अच्छा न था, क्योंकि मैं और सुनना चाहती थी कि मेरा जीवन कैसे शुरू हुआ। किन्तु मैं इससे ज्यादा सीरि से कुछ और न निकाल सकी।

हूगो भी सुबकने लगा, सीरि के किमोनो से चिपके हुए। उसने मुश्किल से ध्यान दिया, वह अपने विचारों और भावों में इतना डूबी हुई थी, और जब उसने फिर भी नहीं छोड़ा, वह पलटी और उस पर चिल्लायी, भाड़ में जाओ।

यह असभ्यता सीरि जैसी संवेदनशील से आनी थी। इससे पहले उसने कभी हूगो को गाली नहीं दी थी। हूगो गला फाड़कर रो रहा था और उसको छोड़ नहीं रहा था, हालाँकि मैंने छुड़ाने की कोशिश की। मैं समझ चुकी थी सीरि अपने आपे में नहीं है और ठीक इस समय उस पर भरोसा नहीं किया जा सकता। किन्तु वह ठुनक रहा था, कुत्ते के बच्चे की तरह चिल्लपों मचा रहा था, और छोड़ नहीं रहा था।

फिर सीरि की आँखें जंगली और सूनी हो गयी थीं। वह अपने किमोनो से बाहर कूद आयी और दरवाज़े से बाहर दौड़ गयी, पूरी तरह नग्न। मैंने उसको मैदानों के पार दौड़ते हुए देखा, उसके नितम्ब ऊपर नीचे हो रहे थे। उसका शरीर सफ़ेद था और उसके बाल उसकी पीठ पर उछल रहे थे।

हूगो रसोई के फ़र्श पर खड़ा रहा, ख़ाली किमोनो उसकी बाँहों में था, लाल और पीले ड्रेगन कपड़े की सलवटों में लिपटे अपना रास्ता बना रहे थे। वह हैरान दिखायी दे रहा था और रो रहा था। यह असामान्य था। हूगो कभी-कभार ही रोता था।

सबकुछ असामान्य था। मैं कहना चाहती हूँ कि हम लोगों के साथ अक्सर ऐसा नहीं हुआ करता था। यह सब सुबह हुआ था। मैंने सोचा उस दिन स्कूल जाना अनावश्यक है। अब तक वैसे भी आधी छुट्टी का समय हो चुका होगा। हम ऊपर

अटारी पर गये, हूगो और मैं। हम दादी की रज़ाई पर बैठ गये और मैंने हूगो को एक लम्बी कहानी सुनायी, जैसा मैं अक्सर किया करती थी और वह सुनते हुए अपने पैड पर चित्र बनाता रहा। ठण्ड बढ़ गयी थी और हमने दादी की रज़ाई अपने चारों ओर ओढ़ ली। अन्त में वह दिन बहुत अच्छा साबित हुआ।

किन्तु सीरि घर नहीं लौटी।

जब साँझ गिरी लामेक वापस आया।

दूसरों से अपने को बचाने के लिए इससे बेहतर कोई रास्ता नहीं है कि आप रहस्य न बतायें। यही बात थी जो सीरि कभी न समझी। वह कभी भी बातों को अपने तक नहीं रखती थी। वह लोगों के साथ बह जाती और अपने को बचा न पाती थी।

मैं सोचती हूँ यह बात मैंने बहुत जल्दी ही जान ली थी।

मेरे पास बहुत से रहस्य हैं, बहुत सारी बातें हैं जो मैं किसी से नहीं कहती, हूगो को छोड़कर, किन्तु उसे भी हमेशा गोल-माल ही बतलाया। हूगो कुछ नहीं बतलाता और न ही किसी से कुछ कहता। जो भयावह है उसे सुहाता है। मुझे अच्छा लगता है जब डर के मारे वह मुझसे लिपट जाता है। मैं उसे अत्यन्त डरावनी बातें बतलाती हूँ जिन्हें मैं सोच सकती हूँ, मैदान के खुले काले मुँह के बारे में, खींच लिए गये बच्चों, बिना आँखों वाली चिड़ियाओं और उन कुत्तों के बारे में जिनके गले में छेद है।

एक बार मैंने ऐसा कुत्ता देखा था, जलमीनार के पास उस अस्पताल के बाहर जहाँ वे प्रयोग करते हैं। वह कुत्ता बहुत कमज़ोर और गन्दा था, बुरी तरह काँप रहा था और ज़मीन पर पड़ी किसी चीज़ को फाड़ रहा था। उसकी आँखें बुरी तरह लाल थीं जिनमें से मवाद बह रहा था। मैं सायकिल से उसके पास तक गयी थी यह देखने कि वह क्या निगल रहा है। कुत्ता दुबककर बैठा था और उसकी पूँछ सीधे नीचे की

तरफ मुड़ी हुई थी। उसने ज़मीन पर कुछ पा लिया था। बार-बार वह उस वस्तु को खा रहा था। मैं देख न सकी वह क्या था, एक मांस का टुकड़ा या एक चिथड़ा। किन्तु वह बार-बार बाहर गिर जाता। मैंने देखा कुत्ते के गले में एक बड़ा-सा छेद था।

मैं उसके रास्ते से थोड़ा दूर खड़ी थी, मेरा एक पाँव पैडल पर था, मैं तैयार थी सायकिल पर बैठ भागने के लिए यदि कुत्ते का ध्यान मेरी तरफ़ जाता। वह लगातार चिंचिया रहा था और रिरिया रहा था।

एक आदमी, मेरी तरह, देखने के लिए रुक गया। उसने मुझे बतलाया कि कुत्ता ईंटों वाली इमारत से भाग आया था जहाँ वे जानवरों को प्रयोग के लिए रखते थे। उन लाल दीवारों के भीतर ऐसे बहुत से कुत्ते थे। अब मैं यह जानती हूँ। और पास की दूसरी इमारत में वे मनुष्यों पर प्रयोग करते हैं। तब मैं नहीं जानती थी। मैं वहाँ अपनी सायकिल पकड़े खड़ी थी। वह कुत्ता अत्यन्त भूखा था और पागल हो चुका था, किन्तु जानता नहीं था। वह खुद को सँभाल नहीं पा रहा था। वह काँप रहा था और भयंकर आवाज़ें निकाल रहा था, निगलना और खाना और फिर निगलना जारी था।

आदमी चला गया, फ़िर मैं भी सायकिल पर सवार हो चल पड़ी।

लम्बे समय तक उस कुत्ते के रहस्य को मैंने छिपाये रखा। पहले, मैं महसूस करती थी इसे कभी भी बतला सकती हूँ। यह बहुत अच्छा था, और बहुत ही वीभत्स कि कई दूसरी तसवीरों को बाहर रखे रहा।

किन्तु फिर कुत्ता बार-बार प्रकट होने लगा, उस वक्त भी जब मैं उसे देखना नहीं चाहती थी, मिसाल के तौर पर आधी रात में, जब अँधेरा था और मैं सोना चाहती थी। मैं पूरा जाग जाती हूँ और नहीं जानती कि अब उसका क्या करूँ।

वह मुझसे ज़्यादा शक्तिशाली हो रहा था।

अन्त में, मैंने हूगो के लिए कुत्तों के बारे में एक कहानी बनायी जिनके गले में छेद है और जो हमारे घर के बाहर के मैदान में शिकार करते हैं, और तेज़ हवा

में कैसे आप उनकी पिनपिनाहट सुन सकते हैं। हूगो बैठकर सुनता था, मुझसे सटा हुआ मुँह बाये। जो कुछ भी मैं कहती, बिना विरोध के उसके अन्दर गहरे उतर जाता था।

मैं कहानी सुनाती हूँ और हूगो सुनता था, फिर हम लामेक और सीरि का एक-दूसरे के पीछे भागना नहीं सुन पाते, चिल्लाना और ठोकर खाना भी। यहाँ बहुत आरामदायक और गर्म है, और जब हूगो बहुत सुन चुका होता था, मैं उसे सान्त्वना देती।

किन्तु यह सब सीरि के ग़ायब होने के पहले की बात है।

दूसरा अध्याय

स्कूल में मैं पीछे बैठती थी और शायद ही किसी दूसरे से बात करती थी। यह कुछ इसी तरह हो गया था मेरे बिना जाने क्यों; अब मैं सोचती हूँ चीज़ों को बदलना ठीक नहीं है। मैं उन्हें बचकाना और छोटा पाती हूँ, उस समय भी जब इन्गेबोर्ग अपनी डेस्क से पीछे मुड़ी और मुझे बतलाया सीरि पागल थी। उसकी आँखें पानी की तरह हल्की थीं।

इन्गेबोर्ग सीरि के बारे में क्या जानती थी?

मैं जानती थी कि वे कल्पना करते थे कि दुनिया वैसी थी जैसा शिक्षक और माता-पिता चाहते थे कि वे माने : बिना रहस्य के। शायद वे असहाय थे, मैं नहीं जानती। न मैं इसकी परवाह करती हूँ। मेरे पास बहुत-सी दूसरी चीज़ें हैं करने को और सोचने को। पूरा जीवन जिस विचार ने मुझे घेरे रखा, वह लोगों की अजीब और वाक़ई में अस्पष्ट भावनाएँ थीं, मेरा मतलब है बड़े लोगों की, एक-दूसरे के लिए।

अनोखे ढंग से, वे एक-दूसरे में अटक जाते थे, फिर वह शहद या चाशनी में तब्दील हो जाते थे और सीरि की तरह लामेक के साथ, नृत्य के फ़र्श पर, स्टॉकहोम में, युद्ध के बाद, पिघल जाते हैं, या फिर एक के बाद दूसरे की तरफ़ आकर्षित होते रहते हैं, लामेक की तरह, बिना यह जानने की कोशिश किये कि क्यों।

कक्षा की खिड़की के बाहर लम्बे पेड़ों की कतार है, और शरद और वसन्त में वे पत्तियों से भर जाते हैं। क्योंकि लगभग हमेशा ही यहाँ तेज़ हवाएँ चलती हैं, पत्तियों में हरक़त होती है, और यदि तुम लगातार देखते रहते हो तो तुम देख सकते हो पेड़ साँस ले रहा है, फूल रहा है और सिकुड़ रहा है, अपने फेफड़ों को हवा में भरता हुआ जैसे कि गुब्बारा हो या कि ग्लोब, और अगले ही क्षण हवा बाहर निकल जाती है, और पेड़ उस दयनीय चिथड़े की तरह दिखता है जो निचोड़ कर ज़मीन पर

फेंक दिया गया हो। एक पेड़ दूसरे की तरह व्यवहार नहीं करता, जबकि तुम सोचते हो कि वही हवा इन सबके बीच बहा करती है।

सर्दियों में, जब सारी पत्तियाँ हवा द्वारा उड़ायी ले जा चुकी हों, तुम देख भी सकते हो वे कितने भिन्न हैं। कुछ बहुत मज़बूत हैं अपनी मोटी शाखाओं के साथ और उन्हें तफ़सील की चिन्ता नहीं है, जबकि दूसरों में बिखरी हुई पतली टहनियाँ सब दिशाओं में बिना समग्रता के विचार के बढ़ गयी हैं और इसके अलावा कुछ नहीं है। यह देख मुझे रोने की इच्छा होती है, जैसे कि जब मैंने पहली बार इन्गेबोर्ग को बिना वस्त्रों के देखा था।

वे सर्दियों के दिन थे और कुछ हफ़्तों से, बीच की छुट्टी में, लड़के उसके आस-पास मँडराते रहते थे, वह यहाँ-वहाँ भागती थी, वे उसके पीछे। वे उसके स्तनों को छूते थे, जब वह अपना विण्डचीटर खोलती और ठहाका लगाती और चिल्लाती थी।

किन्तु एक दिन मैंने देखा कि वह जिम के पास के तहखाने की सीढ़ियों पर लड़खड़ाती ऊपर आ रही थी। उन्होंने उसके सारे कपड़े ज़बरदस्ती उतार दिये थे, और वह उन्हें अपने हाथों में लिए थी, मादरजात नग्न। किसी ने उसके स्तनों पर खरोंचा था इसलिए खून बह रहा था। उसकी आँखें भी मादरजात नग्न दिखायी दे रही थीं। वह रो रही थी। वह दुबली और गन्दी थी। किन्तु जब उसने मुझे देखा, वह ऐंठ गयी, उसने यह नहीं सोचा था। उसने थूका, किन्तु चूक गयी। मेरे पास सिर्फ़ इतना समय था कि मैं देख सकूँ कि वह अपना जाँघिया पहनने की कोशिश कर रही है, फिर मैं चली आयी। मैं उसे पसन्द नहीं करती, किन्तु उसे इस रूप में देखना मुझे अच्छा नहीं लगा।

फिर मैंने देखा कि किस तरह लड़कियाँ कक्षा में झुण्ड बनाकर कोने में खड़ी हैं और उसका तहखाने से बाहर निकल आने का इन्तज़ार कर रही हैं, कौतूहल से भरी और ठीं-ठीं करती हुईं। हर कोई इस बारे में जानता था। लड़के आये, किन्तु वह नहीं आयी।

फिर वह कई दिनों तक स्कूल नहीं आयी और अन्त में मेरा ख़्याल है कोई

अध्यापिका उसे जाकर लायी। वह वैसे ही आयी हमेशा की तरह, अपना सिर झटकते हुए और गुस्ताख। मैंने उससे नज़रें बचायीं। वह बिना पत्तों के पेड़ की तरह थी।

ऐसी थी मेरी कक्षा। शिक्षक भी ऐसे ही हैं। मैं उनकी चिन्ता नहीं करती। मैं उन्हें बचकाना पाती हूँ। मैं अपने अनुभव से जानती थी कि ज़्यादातर जो बातें लोगों को छू जाती हैं वे दिखायी नहीं देती हैं। कुछ उनमें से बहता है, उन्हें फैलाता है या उन्हें अपने में सिकोड़ देता है, अदृश्य गतियाँ और भँवर उठते हैं। इसी तरह का सीरि के साथ भी था और लामेक के साथ भी और हूगो के साथ भी। इसी तरह था घर में भी और आपको इस तरफ़ ध्यान देना होता था, अन्यथा कुछ भयानक घट सकता था।

स्कूल में ऐसा नहीं था। लगता था न तो शिक्षक, न ही बच्चे इस बारे में जानते हैं। इसके बदले वे बेमतलब की बातों पर ज़्यादा ज़ोर देते थे। मैं इस निष्कर्ष पर पहुँची कि मैं उन्हें नहीं समझती हूँ, इसका मतलब मेरी रुचि उनसे बातें करने में नहीं थी।

जिम के बाहर मेरे द्वारा नग्न देखे जाने पर इन्गेबोर्ग ने बदला लेने की कोशिश की। वह अपनी डेस्क से पीछे मुड़ी, पिछली बार की तरह और उसने मेरी तरफ़ अपनी पनियल आँखों से देखा। 'तुम्हारे पिता कैफ़े वाली औरत की लेते हैं,' उसने कहा।

उसने यह बहुत साफ़ और ऊँची आवाज़ में कहा और दूसरे खीसें निपारेने लगे या ज़ोर से हँस पड़े। मैं क्या कह सकती थी? पूरी सर्दियों के दौरान एक लम्बे समय तक लामेक के आसपास के भँवर प्रेम की बात करते थे।

वे रविवार की सुबह देर तक सोते पूरी तरह चादरों में लिपटे हुए और नया चेहरा लिए : नग्न, प्रसन्न। सूरज की रोशनी उन पर गिरती और वे नींद में मुस्कुराते। मैं उन्हें ध्यान से देखा करती। जब वे जागते और मेरे गालों को छूते, उनकी हथेलियाँ सूखी और गर्म होतीं।

लकड़ी के गोदाम में वह कुल्हाड़ी की धार जाँच रहे थे, भीतर कहीं, गुप्त रूप से वे असन्तुष्ट थे कुल्हाड़ी की धार से और उसके वज़न को लेकर खुशमिजाज़ और शुक्रगुजार।

दूर कोने में पेशाब करने के लिए जाते हुए, वे अपनी पिण्डलियों को एक नये ढंग से अकड़ाते हैं। वे चौकन्ने और खुले हुए हैं। वे हूगो को चिढ़ाते थे और आँगन में उसका पीछा करते थे, उसको पकड़ते थे और गुदगुदाते थे जिससे हूगो ख़ुशी और आतंक के मारे चीखता था और उसके जूते नीचे गिर जाते थे।

वे गुलाब के कलियों वाले मोमजामे के पास बैठे थे और मुस्करा दिये, उनकी आँखें सर्दियों की धूप में दिखायी देने वाली कहरुबा के समान पीली हैं। जब उन्होंने देखा कि मैं उन्हें देख रही हूँ, उन्होंने दोस्ताना अन्दाज़ में अपनी ज़बान को कचकचाया और मेरे बाल खींचे। फिर उन्हें अपनी कॉफ़ी की याद आयी और उन्होंने एक बार में ही कॉफ़ी हलक में उँड़ेल ली।

सबसे ज़्यादा, वे सीरि के साथ नये प्रेम में थे। ऐसी एक भी शाम नहीं गुज़री जब उसे सोने के कमरे में ले जाने के लिए उन्होंने जम्हाइयाँ लेना और आँख मारना न शुरू किया हो। हूगो और मैं, सीरि के चरमराने और हल्की चीख की आवाज़ों को, जो दीवारों से आती थीं, सुनते थे।

उन्हें उसका जन्मदिन भी याद रहता था। उस दोपहर वे अपनी सायकिल के हैण्डलबार पर केक का डिब्बा लिए लौटते। बर्फ़ में धँसते हुए वे अपनी सायकिल धीमे-धीमे खींचकर लाते। डिब्बे के भीतर फॉलक्रान्स का ख़ास केक होता हरे रंग की मार्ज़ीपान से सजा। हम लोग फटने की सीमा तक खाते। उन्होंने बीच में लगे मार्ज़ीपान गुलाब को सीरि को दिया।

इसमें विचार करने लायक कुछ नहीं था। हम सब जानते थे, सीरि और हूगो और मैं, उसके बारे में बिना बात किये। इसमें कुछ ही समय लगा, इससे पहले कि सीरि उनसे कुछ क़बूल करवा लेती। दुर्भाग्य से वह ऐसी ही थी। एक लम्बे समय तक वह जानती थी कि क्या चल रहा है, इस बात की अनुमति दिये बिना कि यह विचार की शक्ल अख़्तियार कर ले। फिर वह उसे जान गयी।

फिर कुछ भी हो सकता था। सर्दियों के खत्म होते-होते मेरी चिन्ताएँ बढ़

गयी थीं।

किन्तु लामेक काफ़ी सचेत था इस बात को ज़ाहिर न होने देने में।

उसका पेड़ क़ैफे की औरत में बह रहा था। इन्गेबोर्ग पहली थी जिसने यह मुझे समझा दिया था। वे एक-दूसरे के प्रति आकर्षित थे, एक-दूसरे के बीच गर्म छुअन की भरमार थी, दोनों के बीच एक चुम्बकीय खिंचाव था। वे स्वतन्त्र होने के लिए ख़ुद को चीर नहीं सकते थे और कूद आते एक-दूसरे के नज़दीक होने के लिए, आटे के कटोरों और पकाने की ट्रे के इर्द-गिर्द।

हम लोग कस्बे में आये जबसे पिता फॉलक्रान्स में काम कर रहे थे। तभी एक दिन यह घट गया। यह सब चीज़ें कैसे हो जाती हैं? वह क्या है जिसके कारण प्रेम हो जाता है? ऐसा लगता है वह शून्य में से निकलता है। धड़कन अचानक पागलों की तरह चलने लगती है, ऊर्जा भर जाती है और वसन्त के स्रोत प्रकट हो जाते हैं। यह सब महान रहस्य है।

मैं अपने ज्ञान से इस बारे में कुछ नहीं कह सकती। मेरा अपना अनुभव, इस दिशा में, हल्के हवा के झोंके की तरह है, तेज़ चलते हुए अन्धड़ों की तुलना में। प्रेम की अनुभूति को पा लेना ही एकमात्र कारण था जिसके लिए मैं बहुत बार बड़ी होना चाहती थी। किन्तु उतनी ही बार मैं चाहती कि ऐसा न हो।

निस्सन्देह मैं फॉलक्रान्स तक अक्सर जाया करती थी किन्तु कभी भी भीतर जाने की हिम्मत न करती। मैं सिर्फ़ सूँघना चाहती थी, चखना चाहती थी और कल्पना करना और तौलना चाहती थी, प्रेम को, प्रेम जो हम लोगों ने उस सर्दी में जिया, सीरि, हूगो और मैंने।

मेरा शरीर मुझे बेचैन करता है। अक्सर मैं उसकी उपेक्षा करने की कोशिश करती हूँ। जब वह मुझे अचानक दिख पड़ता है या उसके कुछ अंग, हैण्डलबार पर मेरे हाथ, कवर से बाहर निकलते हुए, मेरी टाँगें, मुझे ख़राब लगता है। मेरी त्वचा में दरक,

खुरदुरी उपत्वचा, पपड़ी, कोमल बाल, तिल, गुमड़ा या स्राव, इन सबका मुझसे क्या ताल्लुक है? मेरे अंग पराये दिखते हैं, उदासीन, लगभग मृत। बिस्तर के अन्त में मैं अपने पंजों को देख सकती हूँ, डरती हूँ कि अचानक ये मुक्त होकर, मेरे पैरों पर रेंगते हुए मुझ पर आक्रमण कर देंगे। क्या मेरा शरीर मृत है, या फिर वह मुझसे अलग अपना एक स्वतन्त्र जीवन जीता है? कभी मुझे ऐसा महसूस होता है और तत्काल ही दूसरा अनुभव होता है। हर तरह की चीज़ घटती है और मैं सभी कुछ याद नहीं रख पाती, बदलाव और फ़र्क, जो मुझे विस्मय से भर देते हैं और साथ ही मैं अनचाही अप्रिय स्थिति में होती हूँ। मैं उत्सुक और अपमानित होकर इनके बारे में कम-से-कम सोचना चुनती हूँ। मेरा शरीर ऐसा लगता है कि किसी हमले की तैयारी में जुटा है। जो मैं समझ नहीं पा रही हूँ, और यह उस वक्त होगा जब मैं उसकी सबसे कम आशा करती होऊँगी।

अमूमन मैं जानती हूँ कि क्या हो रहा है, बालिग होने के दौरान किन्तु मनुष्यों में यह प्रकृति से भिन्न है, यही मुझे बेचैन करता है।

प्रकृति को बूझा जा सकता है। वह मरती है और जीवित होती है और ऋतुओं का अनुगमन करती है। मनुष्यों में परिवर्तन भिन्न है। वह अबूझ और स्थायी है।

वसन्त की शुरुआत की एक शाम थी, जब पिता अभी तक घर नहीं लौटे थे और बिना बताये, विचारों में उलझी, उत्तेजित सीरि अपने साथ हूगो को कैरियर पर बिठाये शहर में ग़ायब हो चुकी थी। मैं अकेली बिस्तर में हवा की आवाज़ सुन रही थी।

मैं बेचैनी से भर उठी थी, मेरे अन्दर कुछ था जो रो रहा था और मचल रहा था। मैंने महसूस किया कि मैं कुछ और बन रही हूँ जो मैं होना नहीं चाहती थी। मैं सौंपी जा रही थी और निष्कवच थी, अन्दर से मेरे शरीर द्वारा किये जा रहे हमलों से, और बाहर, लोगों के उपहास की पात्र थी। मैं बिस्तर से कूदकर बाहर निकलती और सीरि और लामेक के कमरे में हड़बड़ाकर पहुँचती, जहाँ आईना है।

बिस्तर के ऊपर सीरि का लैम्प टेढ़ा टँगा है। उसने अपने जाँघिये उस पर

फेंक दिये थे, इस वजह से कमरे में काफ़ी अन्धेरा था।

आईने में, मैं नग्न प्रकट हुई, वहशी और परायी। पिछली बार जब मैंने देखा था उससे अब काफ़ी कुछ बदल चुका था। मेरी जाँघें फूल और फैल चुकी थीं, मेरे स्तन अपने लालायित मुखों से शरीर में अपना रास्ता खाते आ रहे थे। मैं अपने हाथ उन पर रखती हूँ जैसे किसी अजनबी ने मुझे छुआ हो। मेरे दाँत और मेरी आँखें आईने के अजनबी को देख चमक उठी थीं।

मेरी कनपटी धड़क रही थी और मैं साफ़-साफ़ नहीं देख पा रही थी, किन्तु आईने की आकृति उस धीमी रोशनी में गुस्ताखी से बढ़ रही थी, अपने नितम्बों को धकेलती, घुटनों को मोड़ती, और नाचती, अपने अनाड़ी कदमों से डोलती बढ़ रही थी। एक गुस्ताख लालची जानवर आईने में सिहरता और थरथराता था, उसके होठ सूजे और छिले थे, आँखें धुँधली और आपे से बाहर।

मेरी इच्छा के विपरीत, मैं उस सिहरते, थरथराते, फूलते, डोलते आईने के जानवर पर मोहित हो चुकी थी। मुलायम और भूरा और फूला हुआ, आँखों में सफ़ेद झिलमिल दाँत जो काटने को तैयार दिखते थे, सबकुछ जो दिखायी दे रहा था नम था, मुलायम और चिकना और जो मुझे मिट्टी की सी याद दिला रहा था या आर्द्रता की या किसी जानवर की झिल्ली की।

किन्तु वह मैं नहीं थी। मैं वह नहीं होना चाहती थी। हरगिज़ मैं ऐसा होना नहीं चाहती थी। मैंने अपनी आँखें बन्द कर ली थीं और मेरा जी मितला रहा था। यह सब लम्बे समय के बाद हो रहा था।

जो मैंने सोचा था उससे यह और बुरा था। वह आईने का जानवर मुझसे सर्वथा विपरीत दिशा में बढ़ रहा था।

मैं छोटी हूँ, शुष्क, कठिन और अछूत। मैं ख़ुद की रची कहानियों और किस्सों में रहती हूँ, जबकि मैं हमेशा यह नहीं जानती कि वे कहाँ से आती हैं।

हमारे चारों ओर जो अदृश्य है उसकी मैं संग्राहक और मध्यस्थ हूँ। दुर्भाग्य से मेरे शरीर ने दूसरा रास्ता चुना था। मैं बहुत देर तक आँखें बन्द किये आईने के

सामने खड़ी रही, जो कुछ मैंने देखा था उसमें पिघल जाने के उद्देश्य से। मेरे स्तन दुख रहे थे, और मेरे पेट में एक गर्म एहसास था जैसे कि वहाँ कोई लोहा छोड़ गया हो, मेरी कनपटियाँ अभी भी धड़क रही थीं। मैं जान चुकी थी कि जो कुछ भी मेरे शरीर के साथ हो रहा है वह मेरे लिए समस्याएँ खड़ी करेगा, बड़ी समस्याएँ। किसी तरह मुझे उनके लिए ख़ुद को तैयार करना था।

मैंने आईने से मुँह फेर लिया, खुद को सीरि के बिस्तर पर फेंक दिया और उसके तकिए में अपना सिर धँसा लिया। बाहर अन्धड़ चल रहा है। मैंने सीरि के बारे में सोचा, जो हूगो को कैरियर पर बिठाये शहर में फॉलक्रान्स कॉफ़ी हाउस के आसपास डगमगा रही है।

साधारण तौर पर मैंने उसको रोक लिया होता, किसी और बात पर विचार करने के लिए बाध्य कर दिया होता, उसका ध्यान किसी दूसरी दिशा में लगा दिया होता और सबसे बुरा, हूगो को चीखने-चिल्लाने और उसके लिए कई समस्याएँ खड़ी करने के लिए तैयार किया होता।

किन्तु मैं अनमनी थी और अपने ही ख़्यालों में खोयी हुई थी, अपने शरीर को लेकर और जब मैंने देखा कि वह कितनी बुरी हालत में है, मैं भी सायकिल लेकर सीरि के पीछे चल पड़ने को तैयार थी। मैं बिस्तर में एकदम शान्त पड़ी थी, हवा को सुनते हुए। वह गहरी भूरी और रेंगती हवा ज़मीन के ऊपर दौड़ रही थी और खिड़कियों से टकरा रही थी और उन्हें फड़फड़ा रही थी। सीरि के लैम्प के धीमे प्रकाश में मैं देख सकती थी मेपल की शाखाओं को डोलते हुए।

क्या मेरा शरीर मुझे ख़ुद से विमुख कर देगा? क्या मैं सीरि और लामेक की तरह उसकी गुलाम हो जाऊँगी, क्या मैं उन रास्तों पर फेंक दी जाऊँगी जिन पर जाना नहीं चाहती हूँ? हो सकता है वह मुझ पर हावी हो जाय और मेरी मर्ज़ी के खिलाफ़ मुझे मनहूस कहानियों का हिस्सा बनने के लिए मजबूर करे। मैं जान चुकी थी वक्त आ चुका है कि मैं इन सबके बारे में किसी निष्कर्ष पर पहुँच जाऊँ।

लेकिन कैसे? क्या मुझे अपने शरीर पर हल्ला बोल देना चाहिए? उसका उपहास उड़ाना चाहिए, या उसकी उपेक्षा करनी चाहिए? अरसे से सीरि के बिस्तर पर उसकी गन्ध भरे तकिए पर लेटे, मुझे यह महसूस हुआ कि यह सब रास्ते ठीक नहीं हैं।

बहुत हो चुका था। हद हो चुकी थी कि मुझे मेरे शरीर को अपने बराबर के मज़बूत विरोधी की तरह स्वीकारना था। जब तुम्हें इस तरह की बातों से निपटना होता है, तुम्हें निश्चित ही अपना रास्ता खोजने के लिए कुछ रियायतें देनी पड़ती हैं। सीरि और लामेक के साथ रहने ने इतना तो मुझे सिखा ही दिया था।

इस प्रकार, ख़ाली दिल लिये, मैंने मोमबत्ती जलायी और अटारी की तरफ़ अपना रास्ता टटोलते हुए बढ़ने लगी और मोमबत्ती को रसोई की एक टूटी कुर्सी पर रख दिया। दरवाज़े की दरार से घुसता ठण्डा झोंका मोमबत्ती की लौ को फड़फड़ा और कँपा रहा था और गन्दी धूसर दीवारों पर एक उदास रोशनी फैल रही थी।

मैं लकड़ी की अलमारी में सीरि की पोशाक ढूँढ़ रही थी, वही काली पोशाक जो वह उस वक्त पहने थी जब पिता के साथ 'ओ बाल द लामूर' धुन पर थिरक रही थी और जिसमें वनस्पति और मदिरा की महक थी। वह मुझे मिल गयी, हालाँकि उसमें से फफूँद की गन्ध आ रही थी, जिससे कोई फ़र्क नहीं पड़ता क्योंकि वह वैसी ही थी जैसी मुझे याद थी, बड़ा गला और छोटी चुन्नटों के साथ, नितम्बों पर थोड़ी कसी हुई।

सीरि की अलमारी से ही मैंने रद्दी काग़ज़ों और पुराने खतों की थप्पी के नीचे से लकड़ी की हील वाले लाल जूते भी पा लिये थे। पोशाक कुछ बड़ी थी, किन्तु सिर्फ़ थोड़ी सी। जूते ठीक मेरे नाप के थे। मैंने अपने बाल सँवारे और सीरि की सबसे ज़्यादा लाल सुर्ख लिपिस्टिक से होठ रंगे। मेरे गहरे बाल और भौंहें पोशाक के साथ सुन्दर लग रहे थे। मैं देख सकती थी जब मैंने आईने में देखा। मैंने सीरि के जाँघिये ड्राअर में से निकालकर ऊपर ठूँस लिए जिससे चुन्नटें भर जायें।

मैं अपने साथ रसोई में आईना ले आयी, उसे बर्तन की अलमारी से टिकाकर रखा और उसके सामने एक स्टूल पर बैठ गयी।

वह पराया जानवर अब एकदम शान्त था, अपनी तीखी रूपरेखाओं के साथ। लाल मुँह, सफ़ेद माथा, आँखों में एक ठण्डा भाव, अक्खड़पन का, अस्पृश्यता का, घृणा का, काँच का, चाकू का। रसोई के लैम्प से आता प्रकाश तेज़ था, आईने के भीतर, खिड़की में लगे काँच पर बेचैन चौंध पैदा कर रहा था। खिड़की के पार घुप्प अँधेरा था, और अब हवा में विजय की कर्णभेदी विजयी धुन थी, दूर से आती तुरही और युद्ध की कराहें। अटारी में रखी किताबों में लिखे की तरह। उस रानी की तरह जो बुर्जों से घिरी है, घोड़ों और प्यादों से रक्षित है। कोमल और कठोर, साँप की ज़बान लिए, गिरगिट की आँखें, और काँच का दिल।

आईने का जानवर लगातार मुझे देख रहा था और मैं अपनी आँखें हटा नहीं पा रही थी। वह मेरी अपेक्षाओं के पार जा चुका था। मैं सन्तुष्ट थी। इस प्रकार मेरा शरीर जो चाहता था वो पा सकता है, किन्तु मैं वही रह सकती हूँ जो मैं हूँ, छोटी, शुष्क और अछूत।

वसन्त की एक सुबह, झीनी और ठण्डी, जब सीरि हम लोगों के साथ ही थी, मैं अदेल से दूसरी बार मिली।

मैंने उसे एकदम पहचान लिया। वह चर्च के बाहर लोहे के बैन्च पर बैठी थी, उसका चेहरा सूरज की हल्की किरण की तरफ़ मुड़ा हुआ था, आँखें बन्द थीं।

मैंने ब्रेक लगाया और उसके सामने रुकी। उसने ध्यान नहीं दिया। मैंने कोशिश करके लगभग ख़ुद मान लिया था कि अदेल एक स्वप्न था, या मेरी ही कोई कहानी, उस कहानी की तरह जो शुरू होती है और बाद में हिंसक और बेचैन करने वाली कहानी में बदल जाती है, और जिसे फ़िर मैं हूगो को सुनाती।

वह पीला डफ़ल कोट पहने थी, उसके हाथ जेबों में घुसे हुए थे, उसके बाल उसके चेहरे के चारों तरफ़ फैले थे, सुनहरे बाल : उसने अपनी एक टाँग दूसरे पर चढ़ा रखी थी और जीन्स पहने थी और लाल जूते। एक भूरा गुँथा हुआ बैग, जिसकी

ज़िप टूटी हुई थी, बैन्च पर उसके पास रखा था और उसी के पास एक सिग्रेट की डिब्बी, माचिस और एक पत्रिका उसकी गोद में थी। होंठ लिपस्टिक से लाल थे पिछली बार की तरह।

वह अच्छे मिजाज़ में नज़र आ रही थी, प्रसन्नचित्त और ख़ुश। छोटी और दुबली, लगभग बच्चे की तरह।

वह वास्तव में मौजूद है, यह देखकर मैं ख़ुश नहीं थी। मेरे विचार से उसके बिना भी काफ़ी मुसीबतों से हम घिरे थे। पिछले कुछ सप्ताह से मैं जानती थी कि लामेक और उस कैफ़े वाली औरत का चक्कर चल रहा है। किन्तु सीरि नहीं जानती थी। उसे आभास भर था, बस, वह लामेक की जेबों और पीले ब्रीफ़केस की छानबीन किया करती थी, जब वह बाहर चला जाता, और अपनी मीठी ज़ुबान में उससे अर्थपूर्ण बातें कहा करती, उससे सच उगलवाने के लिए। किन्तु अब तक वह चूका नहीं था। वह उदार और दयालु मिजाज़ में रहता और दोनों को प्रेम करता, सीरि और हमें।

क्योंकि मैं सबकुछ जानती थी, मैं चाहती थी कि यह भण्डाफोड़ कुछ देर टला रहे। यकीनन सीरि मेरे ऊपर नज़रें जमाये हुए थी। उसे सन्देह था लामेक मेरे साथ कुछ ऐसी बातें साँझा करता है जो उसे नहीं बताता किन्तु यह सच नहीं था। इसलिए मैं ईमानदारी से झूठ बोल पाती थी। पिता ने मुझे कुछ नहीं बताया।

किन्तु अदेल मेरी बहन होने का दावा करती रही।

इसका जो भी मतलब हो, इसके लक्षण बुरे थे, मुझे भीतर चुभते थे, बेचैन करते थे। जहाँ तक मेरा सवाल है, लामेक जो चाहता था वह करता है। किन्तु सीरि अपने को किसी भी चीज़ से अलगाने में अक्षम थी। जो कुछ भी घटता था उससे वह जल्द ही प्रभावित हो जाती थी। ख़ुद को बचाने की मूल प्रवृत्ति का अभाव था, और वह हवा में मौजूद हर दुर्भाग्य को टटोलती थी।

यही कारण था कि लामेक ने उससे झूठ बोला था, जैसा कि मैं करती थी, जबकि हूगो उससे कुछ भी नहीं कहने का आदी था। अदेल जो भी थी, उसका स्वागत नहीं था, अगर उसकी बात में सचाई थी तब तो बिलकुल ही नहीं। वह लामेक की पिछली किसी धुँधली कहानी से आयी थी, ऐसा मैं सोचती थी। हम उसके बिना भी

गुज़ारा कर सकते थे।

जैसे ही मैंने यह तय किया कि मैं यहाँ से चली जाऊँ और मैंने अपना पैर पैडिल पर रखा। सूरज की किरण ग़ायब हो चुकी थी और अदेल ने अपनी आँखें खोलीं और मुझे देखा। मुझे वहाँ खड़े और उसे घूरते देख उसे आश्चर्य न था।

अदेल पिता की तरह है, जहाँ कुछ भी उसे चकित नहीं करता। वह तुरन्त बैन्च पर बैठी तन गयी और उसने अपनी प्रसन्न मुस्कान से मेरा दोस्ताना स्वागत किया। उसने कहा कि वह जानती थी कि हम फिर मिलेंगे, इसलिए उसने मुझे ढूँढ़ने की ज़ेह्मत नहीं उठायी। शायद मैं अचानक पकड़ी गयी थी और स्कूल के बाहर होने वाली मुलाक़ात से बेचैन थी, उसने कहा। उस दिन जब उसने मेरे चेहरे पर आते-जाते भाव देखे, उसे यह एहसास हुआ कि मैंने उसके बारे में पहले कभी नहीं सुना था। इसलिए वह चली गयी थी।

मैंने पाया कि वयस्कों को समझना मुश्किल है, और अदेल को उन्हीं में से एक समझना होगा। जब वह मुझे जानना नहीं चाहती थी तो उसने मुझे क्यों ढूँढ़ निकाला था? यह मैं बहुत लम्बे समय तक सोचती रही। बाद में मैंने पाया कि मैं ग़लत हूँ : अदेल को मेरी बहुत ज़रूरत थी, वैसे ही जैसे उसे लामेक की ज़रूरत थी।

जैसे ही वह बैन्च से उठकर मेरे साथ चलने लगी, ज़्यादातर समय बेमतलब बात करती रही। वह हाथ में अपना बैग लिये मेरी सायकिल के बाजू में थी, सिग्रेट पीते और अपने बाल उछालते हुए। उसने मुझे बताया कि वह शहर के एक होटल में सफ़ाई करती है। लिहाज़ा मैं उसके साथ वहाँ चली आयी।

होटल चौराहे पर था, फ़ॉलक्रान्स के सामने। किन्तु अदेल सामने की सीढ़ियों से नहीं गयी। वह होटल के पिछवाड़े गली में बने उसके दरवाज़े से पहुँची, जहाँ एक बहुत बड़े आँगन में बियर के क्रेट रखे थे। उसने आँगन पार किया और पिछले दरवाज़े में गायब होने से पहले, उल्लास से हाथ हिलाकर मुझे विदा किया जैसे कि हम दोनों एक-दूसरे को अरसे से जानती हों।

वह एक ठण्डा दिन था और बर्फ़ गिरना शुरू हो चुकी थी। जब मैं सायकिल से घर लौटी मैं जमी जा रही थी।

तीसरा अध्याय

कई बार सायकिल चलाते हुए मैं अपने विचारों को उन सब चीज़ों पर टहलने देती हूँ जो निश्चित ही अस्तित्व में हैं। यह बात मुझे उन क्षणों में धीरज बँधाती है जब मुझे लगता है कि कोई अनहोनी घटने वाली है।

दादी का घर अस्तित्व में है। उसमें दो कमरे हैं और एक रसोईघर और ऊपर अटारी है जहाँ घर के उजले हिस्से मौजूद हैं, और अँधेरे हिस्से भी, भूली गयी और छोड़ी गयी चीज़ों के साथ, उनमें दादी की लाल रज़ाई भी है, जिसे ओढ़े वह मरी थी। वहाँ कपड़े भी हैं और जूते भी, अख़बार और बेकार औज़ार, टूटी कुर्सियाँ, दादी की सायकिल की सीट जिसे पिता ने रख छोड़ा था, मरी हुई ततैया, तसवीरों का बक्सा जिन्हें सीरि देखना नहीं चाहती है, पुराने सूटकेस, लकड़ी की पेटी, लोमड़ी की खाल और बहुत कुछ। हूगो और मैं इन चीज़ों को कई बार उलट-पुलट चुके हैं और हर बार हमें नयी चीज़ें मिल जाया करती थीं।

यह हूगो था जिसे गाह्न की पाईन नीडल साबुनदानी मिली थी। वह फीके हरे रंग की थी और आयताकार थी उसमें कुछ दाँत थे सम्भवतः दादी के।

वहाँ कुछ पोस्टकार्ड भी थे जिन्हें पिता ने दादी को लिखा था और कुछ तसवीरें, उनमें एक बच्चे का चित्र था जो न तो हूगो था न मैं। क्या यह बच्चा अदेल है? जानना मुमकिन न था। बच्चा मोटा और गंजा था। हूगो दाँत देखकर प्रसन्न हुआ। वे बड़े और पीले थे, जैसे कि वे शेर के दाँत हों।

दादी ने घर ख़रीद लिया था।

वह बहुत दूर से आयी थी, मैदान के उस पार से।

वह अपने वुजूद में बहुत सियाह थी और भीषण क्रोध धारण किये हुए। वहाँ खेत पर उसका किसी से फ़साद चल रहा था जो बहुत झगड़ों विवादों में उलझ गया था। अन्ततः दादी ने उस आदमी से कुछ पैसे वसूले जो पिता के अनुसार ज़रूरत से कम थे और इसी समय पिता ने इशारा किया कि उनके कोई पिता भी थे।

दादी ने वापस न जाने की कसम खा रखी थी।

बाद में उसने वह जगह छोड़ दी।

वह अपने साथ सामान की एक पोटली लिए थी, कपड़े और जूते एक हाथ में और दूसरे हाथ में पिता, लातें चलाते और चिल्लाते। यह गर्मी के दिन थे फ़सल कटने के पहले और मैदान अनाज से पीला था। सूरज चमक रहा था और सरई के पेड़ समुद्र की ओर झुके हुए थे। दादी काले उन्माद के बादल में चलती हुई पीले गेहूँ के खेतों को पार कर गयी। उसने किसी भी मिलने वाले से बात नहीं की, किन्तु हर वक्त वह अपना पैर सड़क की धूल में जमाती थी, उसके क्रोध से नीचे की ज़मीन थरथराती थी।

वह बहुत गुस्से में थी, अपने बचे हुए जीवन के लिए उसने उस दिशा से जहाँ से वह आयी थी अपनी पीठ मोड़ ली। बल्कि उस घर ने भी यही किया जो उसने खरीदा था। दादी ख़ुश थी कि उस दिशा में घर की कोई खिड़की न थी और वह अपनी तिकोनी खाली दीवार उस तरफ़ किये था। यदि उस दिशा में खिड़कियाँ होतीं, तो उसने उन्हें बन्द करा दिया होता, पिता ने कहा। वे मुस्कुराये जब उन्होंने मुझे यह बतलाया, किन्तु उस वक्त तक दादी को मरे काफ़ी समय हो चुका था।

उसे जब वह मकान मिला वह बहुत पुराना और और बिसरा दिया गया था। वह कस्बे के बाहर की तरफ़ था, किन्तु दादी ने पसन्द किया। वह उसके और लामेक के अनुरूप था। उसे लोगों की कोई ख़ास चाहना न थी, दादी को। वह झोंपड़ा उसने ख़रीदा, बेढंगा और टेढ़ा-मेढ़ा और परित्यक्त, पिता ने बतलाया। वह कभी खेत का एक हिस्सा था जहाँ मौसम के दौरान अस्थायी मज़दूर रहते थे, अब वह नहीं था। कस्बा उसी दिशा में बढ़ रहा था, बाँस बल्ली के ढाँचे और काम करने वाले आदमी और मशीनें साथ लिये।

दादी दमदार थी और जानती थी उसे क्या चाहिए था। पहले वह उसमें रहने लगी। फिर बाद में ख़रीद लिया उसे।

यदि कोई वहाँ से गुज़रता दिखता था मान लो वह आधा अधूरा भी हथोड़ा

उठा सकता, तो इसमें देर नहीं लगती कि वह दादी की रसोई में हथोड़ा लिये खड़ा होता। वह कभी न जान पाता कि यह कैसे हो गया, वह अपने को किसी कुर्सी पर सँभालता हुआ पाता मुँह में कीलें दबाये, दादी की छत ठीक करता हुआ। इस मशक़्क़त के लिए उसे कॉफ़ी मिलती, और पाव रोटी या और कुछ खाने को, किन्तु इससे ज़्यादा नहीं।

यदि वह भला और बेघरबार होता तो उसे दादी के मुर्ग़ीघर में चूज़ों के बीच सोने की अनुमति मिलती और ख़रगोशों के दड़बों के पास। दादी, मुर्ग़ियाँ ओर ख़रगोश पालती थी। वे बाद में मर गये जब सीरि ने उनकी देखभाल करना शुरू की, एक-के बाद-एक, जिसका दोष, दादी सीरि पर मढ़ती। जो मुझे भी याद है। यह उस वक्त की बात थी जब ज़ंग लगी कील एड़ी में घुस जाने के कारण दादी अस्पताल में थी और वे सोचते थे कि वह ख़ून के जहरीले होने से मर रही है, जबकि कैन्सर था।

सीरि भाग्यशाली थी। दोनों, दादी और लामेक ने यह सोचा था कि जिस कील पर दादी चली हैं वह सीरि ने रखी थी, किन्तु यह दूसरी कहानी है। पिता ने इस बात को कई बार वापस लिया था।

दादी कैन्सर से मरी थी, उसका पूरा पेट रसौली से भरा हुआ था।

जब पिता छोटे थे, घुमक्कड़ लोग सड़क से गुज़रा करते थे। यदि किसी ने शाम को दरवाज़ा खटखटाया, पानी पीने के लिए या सोने के लिए थोड़ी सी जगह पाने को, दादी फुर्ती से यह जता देती कि वह बदले में क्या चाहती है और इस तरह यह मकान पानी से सुरक्षित हुआ, और पलस्तर किया गया और नयी खिड़कियों की चौखट बनीं, और साल के गुज़रते-गुज़रते चिमनी में नयी ईंटें लगीं। फिर दादी के आलू उगाने की जगह खोदी गयी, और घर के सामने झबरी झाड़ियाँ लगायी गयीं जो बागड़ की तरह हो गयीं। अब वे फिर से बेतरतीब हैं और सड़क के दृश्य को छिपाती हैं।

दादी सीढ़ियों पर पीठ टिका बैठी यह सब होते देखती थी।

किन्तु यदि कोई उसे आलिंगन में लेना चाहता था—वह अभी भी जवान और ख़ूबसूरत थी जब पिता छोटे थे—उसे बाहर फेंक दिया जाता था और वह जानता था

कि यदि दोबारा दिखा तो उसके मुँह पर दरवाज़ा धड़ाम से बन्द कर दिया जायेगा। दादी इसी तरह की थी, पिता कहा करते थे। एक बार, उसने हमेशा के लिये यह तय कर लिया कि मूलतः पुरुष बेकार है, पानी लाने, कीलें ठोंकने, मिट्टी पलटने आदि कामों के अलावा।

उसे सिर्फ़ अपने गुस्से की काली नज़र से देखना होता था जिससे भी वह छुटकारा पाना चाहती थी और यह काफ़ी होता उस आदमी के लिये अपनी भीतरी हिम्मत गँवाने को। यह एक किस्म का कुछ नहीं में मुचड़ना और सिकुड़ना था। दादी का घूरना भयानक था। मनुष्य जाति के बारे में उसकी राय कुछ ख़ास अच्छी नहीं थी।

पिता इसके एकमात्र अपवाद थे।

दादी उनकी पूजा करती थी। वह उनकी आँखों को चूमती, और उनके पेट को और घुटनों के पीछे चूमती जब तक उनका शरीर मुलायम न हो जाय और पूरा संसार गर्म और धूपदार पीला-सा न दिखने लगे। वह उनके लिए गाती और सीटी बजाती थी। वह उन्हें अपने नितम्ब या कन्धों पर उछालती थी, और वह जब छोटे थे उन्हें सायकिल कैरियर पर बिठाये कस्बे में अपने साथ ले जाती। वहाँ वह महिलाओं के लिए सफ़ाई का काम करती थी, लामेक उसके साथ हुआ करता था और बाद में वह उनके लिए पकाने भी लगी और अन्त में वह लिल्येग्रेन के भोजनालय के लिए भी खाना पकाने लगी थी।

कैरियर पर बैठा लामेक, छोटा और मोटा, अपने पैर सीधे फैलाये, उसके बेल्ट को कसकर पकड़े रहता।

उसके नितम्ब हिलते थे और गद्दी चरमराती थी।

कभी-कभी वह उसकी गर्म पीठ पर झुक जाता था जो नाव की तरह झूलती रहती थी जब वह मैदान को पार करती। वह उनींदा हो जाता और उसकी आँखें बन्द

होने लगतीं, घास और पेड़ और चिड़ियाएँ एक-दूसरे में घुलने मिलने लगते विशिष्ट और जटिल सपनों में, जिन्हें यथार्थ से अलगाना उसके लिए मुश्किल हो जाता। वे सपने थे मलाई से भरे पीले दूध के, आकाश में चमकते विशाल मादा स्तन के, और पेड़ जो उसे उठाते थे और अपनी दोस्ताना बाँहों में झुलाते थे।

वह जग जाता और फिर उसकी पीठ गर्म और गीली पाता। उसके नथुने मादा पसीने की गन्ध से भर जाते यदि वे गर्मियों के दिन हों तब। लामेक कहा करता था कि इससे बेहतर गन्ध और कोई नहीं है, और यह उसने दादी के पीछे कैरियर पर बैठे जाना।

सर्दियों में और भी बुरी हालत थी। तब वह सो नहीं पाता था। बदले में उसकी उँगलियाँ और कान नारकीय ढंग से ठण्डे हो जाते और वह रिरियाता था, चिल्लपों मचाता था, किन्तु दादी कोई ध्यान न देती। वह हवा को कोसती जो सीधे उसके चेहरे पर आ बजती थी। उस बर्फ़ को, जो उसे कुछ भी देखने न देती, फटकारती। और कुछ ऐसे दिन भी होते जब मैदान में विकराल हवाएँ चलतीं, जैसी दादी थी, और वह आगे नहीं बढ़ पाती।

तब वह सायकिल से उतर जाती।

तुरन्त, हवा पिता को झण्डी की तरह उड़ा ले जाना चाहती और अन्तिम क्षण में सीट पकड़कर वह अपने आपको मैदान के ऊपर फड़फड़ाते हुए ग़ायब होने से बचाता।

दादी दूसरी तरफ़ मुँह किये और कन्धे सिकोड़े निश्चल खड़ी थी, लामेक की तरफ़ ध्यान न देते हुए। वह अपनी शक्ति बटोर रही थी। फिर वह तूफ़ान की तरफ़ मुड़ती, सबसे गन्दी गालियाँ इस भयानक मौसम के चेहरे पर ज़ोर से फेंकती।

इससे मदद मिलती, पिता कहा करते थे। तूफ़ान झिझकता और अपनी दिशा गँवा बैठता। इसके पहले कि वह अपने को फिर एकत्र करे, दादी ठीक उसके बीच पैडल घुमाते धँसती चली जाती। वह कभी हिम्मत न हारती।

पिता उसके पीछे बैठे सायकिल के इधर-उधर झुकने पर अपने को सँभालते।

इस प्रकार दादी की चौड़ी पीठ के आश्रय में वह बड़ा हुआ।

किन्तु सर्दियों के कुछ ऐसे दिन भी होते जब मैदान पर बर्फ़ की मोटी परत होती, दादी की सायकिल भी उसमें से नहीं जा सकती थी। फिर वह लकड़ी का अलाव उस वक्त तक गर्म करती जब तक उसका लोहे का दरवाज़ा सुर्ख़ लाल न हो जाये। वह पिता को जरसी, जैकेट, ऊनी मोज़े, टोपियों और जो कुछ भी हाथ लगता, में लपेट देती, फिर एक रस्सी से रसोईघर के एक कोने में बाँध देती। उस रस्सी की लम्बाई उतनी ही होती जिससे वह रेंग सके किन्तु अलाव या लैम्प से अपने को जला न पाये। फिर वह पैदल कस्बे की ओर चल देती।

उस वक्त अँधेरा होता। धीरे-धीरे उजाला फैलने लगता।

आधे दिन तक, गर्मी से पिता का दम घुटता था। गर्म और हाँफते, वे कोने में बैठे रहते अपनी ज़बान निकाले, फिर धीरे-धीरे लकड़ी की फ़र्श की दरारों से ठण्डक बढ़ने लगती। धीरे-धीरे उनमें जान आ जाती। जल्द ही वह अपने हाथ पैर पटकने, उछलने और रस्सी को फड़फड़ाने में व्यस्त हो जाते और गगन-भेदी आवाज़ में चीखते ताकि बर्फ़ के डल्ले में तबदील न हो जायें।

और अन्त में ठीक उस वक्त जब ये अपनी सारी आशाएँ छोड़ देते, दादी के आने की आवाज़ सुनते। उस वक्त तक बाहर अँधेरा फिर से फैल जाता और उन दिनों जब लैम्प एक कुत्सित फुँफकार से बुझ नहीं जाया करता था, अपनी नीली उदास लौ में जलता रहता। पिता थके हारे फ़र्श पर बर्फ़ीली मौत की प्रतीक्षा में पड़े होते।

फिर वे दादी की आवाज़ सुनते। वह बर्फ़ में चलते हुए आवाज़ लगाती थी, उनके आत्मबल को जगाये रखने के लिए ललकारती थी। वह भोजन और गर्मी को साथ लेकर आती। बिस्तर में उनके शरीर को अपने शरीर से गर्माती और उन्हें चूमती और उनके मुँह में थोड़ा-बहुत खाना ठूँस देती।

और लामेक, जो लगभग मरने वाला होता, दादी की भरपूर गर्माहट में छोटी प्रसन्न मछली की तरह तैर रहा होता।

सीरि जब आयी थी वह धूसर रंग का पट्टियों वाला कार्डिगन पहने थी जिसकी आस्तीन पर उसका पता था, निशॉपिंग के नज़दीक कहीं का। वे नहीं जानते थे वह कौन थी, और उसने भी नहीं बताया।

उन्होंने सोचा वह गन्दी दिखती है। उन्होंने उसे घिसा और साफ़ किया इस आशंका से कि शायद वह कीटाणु साथ लायी है। उसने उन्हें अपनी फीकी नीली आँखों से देखा और अपना काम करने दिया।

यह युद्ध के दिनों की बात थी।

उसे भोजन दिया गया था, और सोने के लिए एक बिस्तर।

वे नहीं समझे थे कि सीरि में कुछ ख़ास बात है। उनसे कौन कहता? उसने अपने बारे में कुछ नहीं कहा था। इस मामले में वह हूगो की तरह थी। कुछ सालों तक युद्ध के दौरान और जब वह ख़त्म हो गया, सीरि ने कुछ नहीं बतलाया था। बाद में उसने कसर पूरी की।

सीरि लगभग हमेशा अपने पीछे शब्दों का दरिया छोड़ती है, रसोईघर की मेज़ के कपड़े से लेकर चूल्हे से लकड़ी की अलमारी तक, और लकड़ी की अलमारी से फाटक तक यह देखने के लिए कि लामेक आ रहा है या नहीं, अपने हाथ की कुछ लकड़ियाँ गिराते हुए। और जब वह उन्हें उठाने के लिए झुकती, उसके हाथ की सभी लकड़ियाँ गिर जातीं।

वह ऐसी ही थी और हूगो और मैं जल्दी ही सीख गये थे उसे किसी तरह व्यवस्थित रखना। कई बार उसके शब्दों का दरिया इतना भुरभुरा होता कि आप सोचते यह टूट जायेगा। फिर हूगो और मैं अपना काम छोड़कर उसको देखते, जो कुछ भी हम कर रहे हों उस वक्त, चिन्ता करते हुए कि कहीं कुछ ग़लत था।

किन्तु सीरि शब्दों को फिर से गिराना शुरू कर देती और हूगो और मैं अपने काम में लग जाते। हम इतने ध्यान से नहीं सुन रहे होते, ज़्यादातर सीरि जो कह रही होती, वह हम लोग पहले भी कई बार सुन चुके थे–कि दादी कुतिया थी, कि सीरि को समुद्र की चाहना थी कि लामेक देर से आया था, कुछ भी हो सकता था।

सीरि से शब्द टपकते थे। हूगो और मेरे वहाँ होने से कुछ तो फ़र्क पड़ता ही होगा।

किसी वक्त उसके शब्दों का दरिया सघन और फूला हुआ होता और उसकी आवाज़ में एक ख़ास टनटनाहट होती थी। शब्द एक-दूसरे से अटके होते थे, वाक्य युक्तिसंगत होते जब वह अपने भीतर झाँकती, और उसकी आँखें अँधेरी हो जातीं। एक स्मृति उस तक आयी थी। हमने उसी वक्त इस पर ध्यान दिया।

हूगो भयभीत था, उसकी आँखों का रंग उड़ रहा था यह जानने से पहले कि वह कौन-सी स्मृति थी। किन्तु मैं चौकन्नी हो जाती थी। मैं सुनना चाहती थी चाहे वह कुछ भी रही हो, जब सीरि के शब्दों का दरिया एक कहानी में फूल जाता था।

मैं अपना पेन रख देती या अपनी पुस्तक बन्द कर देती, यदि चूल्हे पर कोई बर्तन चढ़ा है मैं उसे एक तरफ़ रख देती थी।

'मैं किसी शहज़ादी की तरह थी,' सीरि कहती थी। 'सबसे छोटा बच्चा। एकमात्र लड़की। पिता की पसन्दीदा। वह कारेलिया का राजा था। हम लोग धनवान थे। मेरे पिता बास्कट और जूते पहनकर चलते थे। माँ समोसे जैसा कुछ पकाती थी। सूरज आकाश में ऊँचा और पीला और गर्म था।'

उनका अपना फ़ार्म था, कई गायें, दो घोड़े, सूअर और भेड़ें और बहुत-सी जंगल की ज़मीन भी। हूगो और मैं कारेलिया के बारे में सुनना पसन्द करते थे और आशा करते थे वह आगे भी बतलायेगी। किन्तु वह हमेशा की तरह दूसरी दिशा में चली जाती। अचानक युद्ध छिड़ गया और वह निशॉपिंग के लोगों के पास चली आयी।

वे साफ़ सुथरे और कर्मठ लोग थे। उनका कोई कसूर न था कि वे ग़लत थे। बल्कि वे जान भी नहीं पाते कि वे ग़लत थे। और सीरि उन्हें कभी नहीं बतलाती थी—वह क्यों बतलाये? वह फीकी आँखों से देखती और उन्हें अपना काम करने देती। उन्होंने कभी भी कारेलिया के राजा के बारे में नहीं सुना था। जब वह उनके साथ थी, अक्सर रोती थी किन्तु सिर्फ़ देर रात में और बिस्तर की रज़ाई के भीतर जब वे लोग सो रहे होते। उसने उनसे कुछ नहीं कहा, अलविदा भी नहीं जब वह स्टाकहोम के लिए चली, जहाँ से नावें कारेलिया के लिए जाती थीं। वे उसे ढूँढ़ने नहीं आये

और वह कभी वापस नहीं गयी।

'वे मेरे लिए ठीक नहीं थे और मैं उनके लिए ठीक नहीं थी। और मैं जब वहाँ गयी थी काफ़ी बड़ी थी।'

सीरि कारेलिया के बारे में पहली बार बतला रही थी, वह फ़र्श पर बैठी थी और पुराने, और थान के बचे हुए कपड़े से टुकड़े काट रही थी। उसने तय किया था कि वह टुकड़ों से रज़ाई बनायेगी। उस तरह की एक रज़ाई कारेलिया में उनके पास थी। उसने हमें लाल रंग के मख़मल का एक बड़ा-सा टुकड़ा दिखलाया था जो वह काटना नहीं चाहती थी। वह रज़ाई के बीचोंबीच बनने वाला सूरज होना था।

मैं और हूगो उसके पास लेटे हुए उन टुकड़ों को देखते हुए सुन रहे थे और चाहते थे कि वह कुछ कारेलिया के खेत के बारे में और बतलाये जो समुद्र के दूसरी तरफ़ था।

निशॉपिंग के लोग, सीरि कहती थी, जिस अकेलेपन और दिल के दर्द से वह चली आयी थी, उसके बारे में कुछ नहीं जानते थे। पेड़ धरती से भड़भड़ाते निकलते चले आते। खेत जलते हुए राख में बदल जाते थे। नदियाँ अपना रास्ता बदल ऊपर की तरफ़ बहती दिखलायी पड़ती थीं।

वे संकेत नहीं पहचानते थे, पक्षी जो उड़ते नहीं थे अपनी चोंच ज़मीन की तरफ़ किये आसमान से ज़ोर से गिरते चले आते थे। मछलियाँ किनारे आतीं और मर जातीं। सर्दियों में फूल अपनी सुर्ख़ खूनी पंखुड़ियाँ लिए ख़ुद को बर्फ़ के बाहर धकेलते निकलते आते।

वह कुछ टुकड़े काट रज़ाई बनाना शुरू कर देती है ताकि हूगो और मैं बात की तह तक जा सकें। रज़ाई सूर्य का आख्यान कहलायी जाने वाली थी। वह कभी पूरी न हो सकी।

(सूर्य का आख्यान)

सैनिक कारेलिया आये। वे कीड़ों की तरह दिखते थे जो अपने बड़े जबड़ों से चबाते चले आ रहे थे और वे बहुत सारे थे। वे बहुत सारे होते चले गये। वे बहुत लम्बे समय से अपने रास्ते पर थे। अपने साथ बन्दूकें और टैंक लाये थे। वे सूर्य को ढूँढ़ रहे थे।

अन्त में वो उन्हें मिल गया। आग की तरह लाल सूर्य, सफ़ेद कारेलिया के ऊपर ऊँचा खड़ा था।

वे रुक गये। वे झाड़ियों में छिप गये। वे गहरे दुबक गये। वे बर्फ़ में लेटे रहे, मैले और जुओं से भरे। वे अचरज से भर गये। वे अपनी फ़र की टोपियों के नीचे चौंधिया गये थे। उनकी शेखी धरी रह गयी थी। सूर्य उनके सोचने से ज़्यादा बड़ा था।

उन्होंने खेमा गाड़ा और तैयारियाँ कीं। उन्हें कई दिन लगे। उन्होंने अपनी बन्दूकें तैयार कीं, अपनी रायफ़लों को जाँचा। उत्तेजना के कारण उस ठण्ड में भी वे पसीने-पसीने थे। वे डर के मारे मूत रहे थे। उन्होंने संकेत का इन्तज़ार किया और वह नहीं आया। किन्तु सूर्य हिला नहीं, आग की तरह लाल, वह अपनी शक्ति दिखलाता आसमान में दिन-रात जमा रहा।

सैनिकों ने नींद की एक झपकी लेने के लिए अपने को बर्फ़ में धँसा लिया था। अपनी फ़र की टोपियाँ आँखों के नीचे तक खींच ली थीं। अपने दस्तानों में मुँह छिपा लिये थे। किन्तु कुछ भी काम न आया। सूर्य, वहीं रहा जहाँ था, दिन और रात, बिना हिले। वे अपशकुन के अन्देशे और अनिद्रा से लगभग पागल हो गये थे। सफ़ेद बर्फ़ की चमक से उनकी आँखें दुख रही थीं।

और अन्त में गोली चलाने का आदेश आया।

वह बहुत दूर से आया था, रूस के जंगलों की गहराई से। उन्होंने अपनी बन्दूकों से गोलियाँ दागीं। उन्होंने अपनी पिस्तौलों से निशाना साधा। कुछ के पास रिवाल्वर थीं, कुछ तीर कमान लिये थे। गोलियों और तीरों और फ़र की टोपियों ने सूर्य को निशाना

बनाया, बन्दूकें गरजी और बरस पड़ीं। पूरा आकाश सियाह हो गया, समस्त पृथ्वी चीख और चिल्लाहट की दहशत से भर गयी जो सैनिकों के गले से निकलीं।

उनके हाथ में जो भी था उन्हें छोड़ना पड़ा। अपने को फट जाने से बचाने के लिए उन्हें अपने कान बन्द करना पड़े।

उसके बाद ख़ामोशी छा गयी।

और अन्त में उन्होंने हिम्मत जुटायी और आसमान की तरफ़ देखा।

सूर्य अभी भी वहीं था पहले जैसा, कारेलिया के सफ़ेद के ऊपर।

किन्तु फिर वह डगमगाया।

सूर्य अपनी धुरी से उखड़ गया। वह आसमान में पियक्कड़ की तरह चकराने लगा। सूर्य फिसला, पहले एक दिशा में लड़खड़ाया, फिर दूसरी दिशा में। अन्त में आसमान के पार गिर पड़ा, पीछे ख़ून का पुछल्ला छोड़ते। सैनिक आतंकित थे। किन्तु सूर्य सीधा समुद्र में जा गिरा और समुद्र खून की तरह लाल हो गया।

सीरि रोयी और खूब रोयी। वह अँधेरे में भागी थी, अपनी माँ का हाथ पकड़े। कभी उसे धकियाती, कभी उसे उठाये, जंगल में से घसीटती उसकी माँ उसे ले गयी।

एक रात उन्होंने सूर्य का चेहरा देखा, आधा नष्ट और सूखे खून से सना।

जब वह अँधेरे में रज़ाई के नीचे, निशॉपिंग के कहीं नज़दीक लेटी थी, वह तब भी रो रही थी।

चौथा अध्याय

सीरि का चेहरा चौड़ा है, माथा गोल, और भौंहें न के बराबर। उसकी नाक गर्म और बैठी हुई है, जब वह हँसती है, उसके इर्द-गिर्द सलवटें पड़ जाती हैं, और जब वह अपना ऊपरी होठ थोड़ा-सा सिकोड़ती है, उसके दाँत चमकते हैं और वे नीली आँखें नम और गर्म हो जाती हैं। तब मैं अपने भीतर कहीं अच्छा और तप्त महसूस करती हूँ।

जब सीरि खिलखिलाती है, तुम अपनी बाँहों को गले में डाल उसकी पीठ पर चढ़ सकते हो, तुम तैरते हो। तुम कॉर्क की तरह हल्के हो जाते हो। डूबते-उतराते, तैरते, उठाये जाते हो, और अन्त में चीड़ के कोन या छोटी टहनी की तरह सीरि की चमकती हँसी के गोल घेरे में घुमाये जाते हो। जैसे पानी की असंख्य बूँदें सूरज की तरफ़ दौड़ रही हों।

तुम्हें चक्कर आने लगते हैं, तुम उड़ते हो।

मैं सीरि की बाँह पर लेटी थी, उसके मोटे बालों के परदे ने हम दोनों को लपेट लिया था, उसमें से रोशनी आ रही थी। मैं उसकी त्वचा पर उगे सफ़ेद कोमल रोम, सूरज की रोशनी से लगभग चमकते हुए देख सकती थी। उसके स्तन गर्म और मुलायम थे। हम सो गये फिर जगे और फिर सो गये। हमारे स्वप्न एक-दूसरे से गुँथे हुए थे, छोटे और कुछ-कुछ जगे हुए स्वप्न, और लम्बे स्वप्न, सूरज की रोशनी से प्रदीप्त और लगभग ख़ाली। रोशनी फ़र्श पर फिसल रही थी। समय का कोई अस्तित्व न था।

मैं दादी की थी, किन्तु मैं पहले सीरि की थी।

सीरि बेकार हो चुकी थी, यह जल्दी ही ज़ाहिर हो गया। हम सब ठीक थे। सीरि मुझे भूली न थी। हम खेलते थे, घास में लोट-पोट होते थे। मैं उसकी गोदी में बैठती और वह मुझे परिन्दों के गीत सिखाती। किन्तु इसके बाद मालूम पड़ा कि

सीरि वाकई बेकार हो चुकी थी, मुझसे इसका सम्बन्ध नहीं था, किन्तु लगभग हर चीज़ में, हर बात में, वह भुलक्कड़ और लापरवाह थी।

दादी और पिता के लौटने पर कभी खाना तैयार नहीं मिलता था या गैस पर चढ़ा खाना जल चुका होता था। कभी मक्खन नहीं होता था, साबुन ख़त्म हो गया होता या वह इस्त्री करना भूल जाती। एक बार वह ख़रगोश के बच्चों का दड़बा बन्द करना भूल गयी, सो चूज़ों ने सारे ख़रगोश के बच्चे मार डाले या शायद इसका उल्टा हुआ (चूज़े और खरगोशों की मौत सीरि के कारण हुई)।

मैं बहुत पहले ही से जान गयी थी कि कुछ गड़बड़ है। जैसे ही मैंने चलना शुरू किया और बोलना सीखा, मैं सीरि को ठीक करने लगी थी, उसके साथ मिलनसार थी और उसे याद दिलाती, काम ठीक से करने में सहायता करती। किन्तु तब तक काफ़ी देर हो चुकी थी। यह तय हो चुका था कि दादी घर का कामकाज देखेंगी, ख़ाना-वाना और मुझे भी। सीरि बाहर जाकर काम करेगी।

मुझे पता नहीं किसका विचार था यह, शायद सीरि का ही।

एक दिन बिना बोले मेज़ के उस पार बैठी सीरि ने मुझे दादी को सौंप दिया। फिर वह मेज़ छोड़कर उठी, अपने लिए मानसिक चिकित्सालय में काम ढूँढ़ लिया। उसने ख़ुद मुझे बतलाया। किन्तु पागल, अधिकतर विक्षिप्त बच्चों ने, उसे दुखी और उदास कर दिया। बजाय इसके कि वे अपने कोनों में डोलते रहें, वह उन्हें बाहर खुली हवा में लाना चाहती थी। वह उनके लिए गाना चाहती थी, उनके साथ नाचना चाहती थी और उन्हें ठीकठाक कपड़े देना चाहती थी।

उसका वहाँ होने का कोई ख़ास फ़ायदा भी नहीं था, या फिर वह कुछ सनकी हो गयी थी। वह दुर्बल हो गयी थी और उसके लम्बे सुनहरे बाल झड़ने लगे थे, जब वह बाल बनाती गुच्छे के गुच्छे निकलते थे। मेज़ पर बैठे पिता और दादी को वह दिखाया करती थी। वे अपनी प्लेटों के पीछे से उसे देखते, वे समझ नहीं पाते इसका क्या अर्थ है। वे अच्छा-ख़ासा काम करने वाले लोग थे, दोनों ही, और इससे उनका कभी नुकसान नहीं हुआ।

शायद मेरे साथ खेलने से सीरि वंचित थी? उसने हूगो को अधिग्रहीत कर लिया था, यह भी मात्र ज़िद के कारण किया, ऐसा लगता था।

और हूगो निश्चित ही सीरि का बन गया, हर वक्त उसके स्कर्ट से लटका रहता, उसके कपड़े धोने के बीच फिसलता और रेंगता रहता, घोंघा, एक पिल्ला। सीरि के घर छोड़ने तक सभी कुछ ऐसा ही था सिर्फ़ एक घटना को छोड़कर जब उसका ध्यान हूगो की तरफ़ नहीं था।

बहुत शुरू में ही मैं दादी की हो गयी थी। सीरि के अयोग्य होने के बारे में उसने मुझे काफ़ी बतलाया। निश्चित ही मैं पहले से ही बहुत कुछ जानती थी। मैं इस बात का दादी से बहुत कम बुरा मानती थी।

सीरि उनसे अलग थी। वह खेलना चाहती थी। कपड़े के टुकड़ों से रज़ाई और चित्र बनाने का भूत उसके सर पर सवार था। वह कुर्सियाँ रंगना चाहती थी। उसने ही गुलाब की कलियों वाला मोमजामा ख़रीदा था, हालाँकि दादी का ख्याल था इसकी ज़रूरत नहीं थी। वह ऊँची एड़ी का सैन्डल पहनने और पिता के साथ नृत्य के लिए बाहर जाना चाहती थी।

जब उसने मुझे जन्म दिया उसके पास ख़ुद बड़े होने का वास्तव में ज़्यादा समय नहीं बचा था, दादी ने यही कहा था और जब उसने कहा था तब उसका स्वर दोस्ताना नहीं हो, ऐसा न था। किन्तु सीरि को बुरा लगा। सीरि और दादी एक-दूसरे को समझते ही नहीं थे, कोई भी यह भाँप सकता था। मैं शुरू से ही जानती थी। मैं नहीं जानती इस मसले पर मैं और क्या कह सकती हूँ।

पिता को इसके बाहर रखा गया। मुझे याद नहीं आता कि उनकी कभी भी दोनों में से किसी से झड़प हुई हो, उस वक्त तक तो नहीं ही जब तक दादी ने यह नहीं बतलाया कि उसे मारने के लिए वह कील जो उसके पाँव में घुसी थी, सीरि ने ही रखी थी।

फिर पिता सीरि पर बुरी तरह चिल्लाये।

किन्तु दादी के क्रियाकर्म के बाद जब चौके में सीरि ने चाकू सीधा पिता

को दिखलाया, गालों पर लाल चकत्ते लिए, तब पिता ने अपने शब्द वापस ले लिये, और माफ़ी भी माँगी। उसके बाद दादी के घर में हम लोग बहुत दिनों तक ख़ुश थे।

मैं सीरि को ख़ुश रखने की कोशिश करती थी। मैं कारेलिया के बारे में सुनना चाहती थी। वे सर्दियों के दिन थे, किन्तु बर्फ़ गिरना बन्द हो चुकी थी और सिर्फ़ तेज़ गति से कभी-कभी मैदान के पार सफ़ेद दिख पड़ता। आसमान दीवार की तरह सफ़ेद और सपाट था, बादल नहीं, न ही किसी रंग की झलक, कुछ भी हिल नहीं रहा, साँस तक नहीं, मैं सायकिल से घर आ रही थी, लगभग नहीं दिखने वाले बर्फ़ के टुकड़े ताड़ियों से चिपके थे।

कुछ होने वाला था, कुछ जो चल रहा था, बेचैन और निःशब्द, ज़मीन के एकदम नज़दीक। बर्फ़ के फाहे तो शायद नहीं। सचमुच एक महीन अशान्त हलचल, कुछ बिसरा दी गयी, परित्यक्त चमक।

'क्या तुमने कारेलिया वापस जाने का नहीं सोचा?'

'हां, निश्चित ही मैंने सोचा,' सीरि ने जवाब दिया। हम लोग रसोई की मेज़ पर बैठे थे, हूगो रेखाचित्र बना रहा था। किन्तु जब सीरि निशॉपिंग से स्टॉकहोम जाने वाली थी, उसे बताया गया कारेलिया अब अस्तित्व में नहीं रहा, कम-से-कम फ़िनलैण्ड में तो नहीं ही जहाँ वो पहले था। उसे एक कागज़ दिया गया जिसके अनुसार कारेलिया का राजा, जो सिर्फ़ जूते और बास्कट पहने चला था, युद्ध की शुरुआत में ही रूसी सैनिकों द्वारा गोली से उड़ा दिया गया था और सीरि की माँ जो समोसे-सा कुछ पकाती थी, भी मर चुकी थी। उनके पास निशॉपिंग में इस आशय का एक पत्र आया था, किन्तु उसे सीरि को दिखाया नहीं गया था। उसने उन्हें इस बात के लिए कभी माफ़ नहीं किया। 'कल्पना करो', सीरि ने कहा, 'पूरे युद्ध के दौरान मैं सोचती रही कि माँ

ज़िन्दा है।'

हूगो बेचैन हो उठा, उसकी आँखें धुँधला गयीं, तभी मैंने चूल्हे पर से तवा उतार लिया क्योंकि मैं जानती थी सीरि भूल जायेगी। वह युद्ध ख़त्म होने पर अपने घर जाना चाहती थी, अपने बड़े खेत पर, उसने हमें बतलाया, किन्तु इसकी जगह वह सुन्दबीबर्ग के एक आदमी के लिए लैम्प-शेड बनाने लगी थी।

यह कुछ नया था।

हूगो की जिज्ञासा बढ़ गयी और वह नज़दीक सरक आया। सीरि तौलिया टाँगने के हुक के पास रुक गयी थी। वह अपने हाथ पोंछने को ही थी, किन्तु इसके बदले वह अपनी तर्जनी को एक हुक में फँसाये रुक गयी। वह हमसे कुछ दूर खड़ी थी, ज़रा-सा पीछे मुड़ी हुई, उसका सर झुका हुआ था, और ऐसा लगता था वह अपने भीतर कुछ पकड़ने की कोशिश कर रही है। सर्दियों में वह दुबली हो गयी थी, इसके पहले मेरा ध्यान इस तरफ़ नहीं गया था।

उस आदमी ने नौ लड़कियाँ रखी थीं, सीलन की बदबू भरे तहखाने में। कभी वह इन सब लड़कियों को अपनी कार में भर कर बाहर घुमाने ले जाता। उन्हें हॉगा पार्क में सैण्डविच और बियर पिलाता। पीली चुन्नट भरी सामग्री से बना लैम्पशेड कटे हुए कोन के समान दिखायी देता। और एक सुनहरा तार, भद्दा और कुरुचिपूर्ण, नीचे से बाँधा जाता।

एक शनिवार वह अपनी सहेली बार्ब्रो के साथ स्कानसेन गयी। गर्मियाँ थीं और हरियाली थी और उसे प्यार हो गया, हाय अल्ला! वो सुकुमारी थी, षोडशी थी, और कुछ नहीं जानती थी। सीरि की आवाज़ तेज़ हो उठी, ड्रेसर से बात करती हुई-सी जिस पर उलझा हुआ धागा पड़ा था, एक गेन्द, हूगो का पुराना रेखांकन और पुरानी चाँदी का काम की हुई कॉफ़ी की केतली, जिसे किसी महिला ने दादी को दिया था। खिड़की से आती रोशनी केतली ने पकड़ ली थी। बर्तन में रोशनी झिलमिला रही थी चमक रही थी, बेचैन थी। मैं देख सकती थी सीरि का सफ़ेद चेहरा उसमें प्रतिबिम्बित था, मगर उसे ऐसा लग रहा था बर्तन के भीतर कोई था जो उसे सुन रहा था और अपना सिर हिला रहा था।

उसने अपना चेहरा दूसरी तरफ़ घुमा लिया था और हाथ से अपना मुँह दबा

लिया। कॉफ़ी के बर्तन ने उसका नाक-नक़्श काफ़ी सुधार दिया था और उसका चेहरा दोस्ताना और राहत देने वाला दिख रहा था। सीरि ने एक गहरी साँस छोड़ी। उसने दादी के कॉफ़ी के बर्तन की तरफ़ से मुँह फेरा और दोनों हाथ ड्रेसर पर रख दिये। हूगो ख़ुद को मुझसे रगड़ रहा था, किन्तु मैंने उसे झटक दिया। मैं सुनना चाहती थी सीरि कॉफ़ी बर्तन से जो कहने जा रही थी। गाल फूले थे, जो सफ़ेद और अस्पष्ट हो चुके थे, किन्तु बीच गहरी चिन्तित आँखों की जोड़ी थी।

लैम्पशेड कुरूप थे, जिनमें सबसे मुश्किल काम था सुनहरी धागे से फुँदना बनाना, किन्तु वह प्रेम में थी। जब बात आगे बढ़ी, जैसा कि बाद में हुआ (वह गर्भवती हो गयी), दुर्भाग्य से बार्ब्रो नॉरलान्द वापस जा चुकी थी, अन्यथा सीरि उससे उस बूढ़ी औरत का पता ले सकती थी जिसकी सहायता से वह छुटकारा पा सकती थी...मुझसे। सीरि में ख़ुद हिम्मत नहीं थी, उसे पुलिस का भय था।

वह निशॉपिंग के लोगों से भयभीत थी, बिना अलविदा कहे वह वहाँ से भाग खड़ी हुई। ये पतझड़ के दिन थे और मालिक भी बहुत दोस्ताना नहीं था। वह सिलती थी, लगातार सिलती थी और उसने अपनी उँगलियाँ भी छेद ली थीं, और उसकी माँ मर चुकी थी और उसे पता न था वह क्या करने जा रही थी। मान लो वे लोग उसे वापस निशॉपिंग भेज दें उस कामुक बूढ़े के पास—हे भगवान!

सीरि ने अपना चेहरा दूसरी तरफ़ घुमा लिया और अपने हाथों से मुँह को दबा लिया। दादी की कॉफ़ी की केतली ने उसके चेहरे के नक़ूश साफ़ कर दिये और वे ज़्यादा खाली और चमकदार हो उठे। वह कामुक बूढ़ा व्यक्ति, यह भी कुछ नया था।

'कमबख़्त, कामुक हरामी', उसने कहा, अब वह काफ़ी हिली हुई थी, उसका चेहरा कॉफ़ी की केतली में टिमटिमा रहा था और फिर से हिल रहा था। वह हर रात उसके बिस्तर में आता और उसकी दुर्दशा करता, जब तक वह निशॉपिंग में थी। उसकी बीवी पास के कमरे में ही होती और उसे कुछ पता नहीं चलना चाहिए था। किन्तु एक रात सीरि ने उस हरामी का अँगूठा काट लिया और उससे काफ़ी ख़ून बहा। जब उसकी पत्नी ने पूछा क्या हुआ, उसने कहा कुत्ता था। कुत्ता!

कोई अचम्भा नहीं, सीरि बिना धन्यवाद दिये और अलविदा कहे भाग गयी थी। किन्तु सुन्दबीबर्ग पहुँच कर वह रोयी। बार्ब्रो के जाने के बाद जीवन बद से बदतर होता गया, मुश्किलें बहुत बढ़ गयी थीं—कम-से-कम वह उससे बात तो कर सकती थी, हर हाल में, और जब सीरि कारेलिया के बारे में बात करती, बार्ब्रो हँस नहीं देती थी।

'फिर पिता का क्या हुआ', मैंने पूछा।

मैं सोच नहीं रही थी। बस मेरे मुँह से निकल गया। मैंने जल्दी ही खेद व्यक्त किया और अपनी ज़बान ही काट ली होती। मैं दादी की चिन्ता नहीं करती थी, किन्तु सीरि जब लामेक के बारे में बुरा बोलती थी, मुझे तकलीफ़ होती थी।

'लामेक?' सीरि कहती, और कुछ ऐसा लगता था जैसा उसने यह नाम कभी सुना नहीं हो।

'लामेक,' सीरि कहती, जैसे कि वह उस नाम से परिचित होने की कोशिश कर रही हो। हूगो भी जान चुका था मैंने कुछ मूर्खतापूर्ण कह दिया है और उसने अपने को मांस की अलमारी से चिपका लिया था, उसकी आँखों में हाँफना नज़र आ रहा था।

किन्तु फिर कुछ असाधारण घट गया।

सीरि सीधी खड़ी हो गयी और दादी की कॉफ़ी की केतली ने साँसें छोड़ीं और शान्त हो गयी। वह मुड़ी और उसने अचानक हमें देखा—मैं वहाँ बैठी थी और मोमजामे के गुलाबों में उँगली कर रही थी, तब हूगो कचरे के डब्बे के पीछे छिपा था। सीरि की आँखें अब साफ़ देख रही थीं।

उसने हमें पहचान लिया था। हम उसके प्यारे, दुलारे बच्चे थे। वह मुस्कुरायी और बहुत सुन्दर और दयालु दिखायी दी। 'लामेक,' उसने फिर कहा।

अपने जाने की हड़बड़ी में, वह उसको अपना नाम और पता बतलाना भूल गया था, किन्तु उसने यह ठीक-ठीक बतलाया कि वह लूमा में काम करता है। और वह बिलकुल सच कह रहा था। वह बिजली के बल्ब बनाता था।

हमें पता होना चाहिए। हमेशा, सीरि ने कहा, कि उसके और लामेक के बीच ग़ज़ब का प्रेम था।

वह मुस्कुरायी। फिर वह भयभीत हो उठी, उसकी आँखों में आतंक फैल रहा था, वह चूल्हे की तरफ़ मुड़ी, किन्तु मैंने सॉसपैन उतार लिया था और वहाँ कुछ जल नहीं गया था। उसने हूगो को अपनी गोद में बैठा लिया और वह बचकाना हो उठा जैसा कि वह अक्सर करता था, स्वाँग भरने लगता और मूर्खताएँ करता, उसे थपथपाता, चाटता, हालाँकि मैंने इस ओर कोई ध्यान नहीं दिया।

हम तीनों मेज़ पर थे, सीरि, हूगो और मैं, लैम्प जल रहा था और सीरि ख़ूबसूरत दिख रही थी। वह पिता की सायकिल की आवाज़ सुनने की प्रतीक्षा कर रही थी और अन्त में हम सभी ने दरवाजे पर वह आवाज़ सुनी। वह उचककर खड़ी हो गयी, खाने को अन्तिम रूप से तैयार करने के लिए, फिर सिंक के ऊपर लगे आईने की तरफ़ बढ़ गयी, उसने अपने बालों में उँगलियाँ फिरायीं और होठों को लाल करने के लिए अपनी उँगलियों से रगड़ा।

यह सर्दियों का अन्तिम दौर था, और जीवन वास्तव में ठीक चल रहा था। सब यूँ ही चलता रहता, यह सम्भव था। पिता प्रसन्न और उदार थे। यह वो वक्त था जब पिता सायकिल पर केक लेकर आये थे सीरि की जन्मदिन के लिए।

एक दिन, जब सीरि हमारे साथ ही थी, मैंने फ़ॉलक्रान्स कैफ़े वाली औरत को देखने का फ़ैसला किया। यह विचार मुझे सुबह आया था। दलिए पर पपड़ी जम गयी थी और डबल रोटी पर रखे पनीर के कोने ऊपर उठ आये थे। पिता उठकर हम लोगों के लिए सैण्डविच बना चुके थे। वे बहुत पहले ही सायकिल से जा चुके थे।

मैदान के अँधेरे से पिता डरते न थे, जैसे कि मैं डरती थी। उन्हें अपनी सायकिल

के इर्द-गिर्द प्रचण्ड हवाओं और उन अनचाहे अपरिचित भँवरों की फ़िक्र नहीं थी। उनकी सायकिल का लैम्प अँधेरे के बीच एक महीन-सा सूराख़ करता था, मेरी तरह हिचकोले खाता, कँपकपाँता नहीं था। चौगान में मछली की दुकान के नज़दीक, वह हवाओं से बाहर निकल आते, और दिन की पहली सिग्रेट सुलगाते।

कैफ़े के तहखाने में सुबह की रोशनी फैलने से पहले, उन्होंने काफ़ी काम कर लिया होता था। श्रीमती फ़ॉलक्रान्स को यह धन्धा अपने पिता से मिला था जो ख़ुद नानबाई थे। उसकी शादी योनसोन नामक डाक्टर से हुई थी। वह मोटा और उससे छोटा था, और स्टील फ्रेम का चश्मा पहनता था।

कोई भी उन्हें श्रीमती फ़ॉलक्रान्स के नाम के अलावा बुलाता नहीं था। उसने बेकरी को कैफ़े में बदल दिया था, यह डाक्टर योनसोन के आने के पहले हो चुका था।

पिता के बिना गुज़ारा नहीं था। वे क्रीम और अन्य भरने की सामग्री को मिलाते, वे आटा गूँधते और भट्ठी में पकता देखते और घुमाते और काटते थे। उन्होंने कुछ नये बिस्किट और केक का आविष्कार किया। उनके हाथ शक्कर और मक्खन से मुलायम रहते थे। जब श्रीमती फ़ॉलक्रान्स आती और फिर ऊपर कैफ़े खोलने चली जाती, तब पिता के आराम का समय होता।

गर्मियों में वह खिड़की ऊपर छत तक खोल देते। स्टूल पर खड़े हो अपनी कुहनियाँ कगार पर टिका कबूतरों की सुबह की गुटर-गूँ सुनते और शहर को जगता हुआ देखते। यह वक्त निस्तब्ध और शान्त होता था। एक अख़बार बेचने वाला लड़का चौगान की दूसरी तरफ़ के साये में से निकल आता। कहीं दूर से तेज़ हील की अनुगूँज आती। सूरज की रोशनी की किरण आती और सुबह की धुन्ध चौगान में हिचकती हुई साफ़ होती मानों झाड़ू से तितर-बितर कर दी गयी हो। पीले और गुलाबी पन-पत्थर, शहर के होटल को जाती सीढ़ियाँ चाँदी-सी चमकतीं। पिता अपने स्टूल पर निश्चल खड़े हो जाते और यह सब देखते।

वे ख़ुश रहते थे। ऐसा उन्होंने कहा, जब वे एक बार मुझे सुबह के इन क्षणों के बारे में बतला रहे थे। एक आदमी को इससे ज़्यादा कुछ नहीं चाहिए, वे कहा

करते थे। इसके बाद वे स्टूल से नीचे उतर आते, खिड़की बन्द करते, कान पर खोंसे पेन को निकालते और सौदा ख़रीदने की योजना बनाते।

जब मैं छोटी थी अक्सर यहाँ आती थी, हालाँकि बाद में बहुत कम, और इन्गेबोर्ग ने जो कहा उसके बाद कभी नहीं।

मैं स्कूल के बाद वहाँ गयी थी, उन्हें आश्चर्य हुआ हो ऐसा नहीं लगा। श्रीमती फ़ॉलक्रान्स वहीं थीं और तुरन्त उन्होंने हरा मार्ज़ीपान केक मेरे लिए तश्तरी में निकाल कर दिया। मैं नहीं चाहती थी, किन्तु जब पिता ने कहा यदि तुम्हें कोई आग्रह करे तब मना नहीं करना चाहिए, मैंने खा लिया।

वे कॉफ़ी पी रहे थे। मैंने अवसर का लाभ उठाकर श्रीमती फ़ॉलक्रान्स को देखा, क्योंकि मैंने उन्हें कुछ समय से देखा नहीं था। उनके नितम्ब और फैल गये थे। उन्होंने भूरे रंग की जाली में अपने बाल सिर के पीछे बाँध रखे थे और उसमें सफ़ेद रंग की धारियाँ थी। उनकी आँखें काफ़ी सुन्दर थीं, भूरी, किन्तु पुतली के चारों ओर काली लकीर थीं। वे बिल्ली की आँखों की तरह प्राञ्जल थीं। उनके माथे पर हल्के गढ्ढे थे, काफ़ी भयानक किन्तु चमड़ी कोमल और लचीली थी, पिता की तरह।

मैंने अपनी नज़रों को छत के साथ लगी खिड़की तक ऊपर जाने दिया, जहाँ ढले हुए लोहे की जाली लगी थी और लोगों के पैर दिख सकते थे। मैं जब उन्हें वापस नीचे लायी, तो वे श्रीमती फ़ॉलक्रान्स के स्तनों पर गिरीं। मैंने उनके बारे में पहले सोचा न था। मैं अपनी आँखों पर भरोसा न कर सकी। वे तने हुए थे और अविश्वसनीय ढंग से विशाल थे, लगभग वर्णनातीत। जब वे कटोरे से शक्कर लेने के लिए मेज़ पर झुकीं, वे मेज़ पर लहराते हुए टिक गये ठीक जैसे कोई विशाल कुत्ता आराम करने के लिए बैठता है। अपनी बाँहों को उनसे पार शक्कर तक पहुँचाने में उन्हें काफ़ी दिक्कत पेश आयी।

इससे पहले मैंने ऐसा कुछ नहीं देखा था। मैं अनमनी हो उठी और न घूरने के लिए मुझे कोशिश करना पड़ी।

मैं जब सायकिल से घर जा रही थी, मैंने श्रीमती फ़ॉलक्रान्स की चोली की कल्पना करने की कोशिश की। यह आसान न था, किन्तु अन्त में मैं सफल हुई। श्रीमती फ़ॉलक्रान्स की चोली आसमान में लटकी थी, मैदान पर डोल रही थी, दो विशाल प्याले।

मिस्र की रेत में पिरामिड भी जब मिले थे इतने विस्मयकारी नहीं हो सकते थे। श्रीमती फ़ॉलक्रान्स की चोली धीमे-धीमे डोल रही थी और हवा में शान से लहरा रही थी। मैं हँसी, यह हास्यास्पद था। किन्तु फिर मैंने लामेक को देखा, वह उनमें से एक ख़ाली प्याले में लेटा सो रहा था, जैसे झूले में, सन्तुष्ट और बच्चे की तरह, लगभग ऐसे कि उसके मुँह में उसका अँगूठा हो। वह ख़ुशी से मुस्कुरा रहा था।

मैं कुछ गर्म हो उठी जब मैंने यह चित्र अपने सामने देखा। मुझे अपने पेट में विचित्र अनुभूति हुई, मेरी जाँघों में दर्द हुआ, और मेरे गाल जल उठे। मुझे रुकना पड़ा, मैंने सिर को झटका दिया और हाथों से अपनी आँखों को पोंछकर श्रीमती फ़ॉलक्रान्स के भीमकाय प्यालों को पिता के साथ आसमान से बाहर करना पड़ा। आखिर वे ग़ायब हो गये।

किन्तु बाद में जब मैं बिस्तर में थी और सो नहीं पायी थी, वे चित्र लौट आये। सीरि के स्तन तुलना में तुच्छ थे। मैं जान गयी कि फ़ॉलक्रान्स के कैफ़े के तहखाने में घण्टों उनके साथ एकान्त में रहते हुए पिता के लिए श्रीमती फ़ॉलक्रान्स के स्तनों की उपेक्षा करना मुश्किल रहा होगा।

जैसे-तैसे सब कुछ सीरि के ग़ायब होने से पहले ठीक-ठाक ही था।

मैं हमेशा सोचती थी, सीरि के कारण ही हम सब लोग चिन्तित थे, उसका यकायक गति में आना, झोंके-सा बदलाव, अदृश्य में से उठते हुए ऐसे झटके जिनके लिए कोई तैयार न था। इन सबके हम आदी थे और आपको अप्रत्याशित का अन्दाजा भी कुछ-कुछ होने लगता।

लामेक के साथ बात बिलकुल दूसरी थी। वह सुबह नियम से उठ जाता,

लगभग मध्यरात्रि में। सावधानी से दाढ़ी बनाता और भूरे चौखानों वाले पैण्ट और अभी-अभी इस्त्री की गयी कमीज़ पहनकर तैयार हो जाता। अपने बालों को ब्रश से चमकदार और चिकना कर माथे के पीछे ले जा सुगन्धित लोशन से सँवारता। फिर अपनी कॉफ़ी पीकर मेरे लिए सैण्डविच बनाता।

उसके बाद अपने बायसिकल क्लिप लगाये वह शहर और फ़ॉलक्रान्स कैफ़े की ओर चल पड़ता। जहाँ तक मुझे याद आता है ऐसा ही होता था। हर दोपहर वह लगभग उसी समय घर लौटता, यह सब ऐसा था जिस पर तुम भरोसा कर सकते थे।

किन्तु जब सीरि को गये कुछ समय बीत चुका था और हमें उसकी कोई ख़बर नहीं रही, और सब कुछ बदल चुका था। उसका फड़कना, लगता था, पीछे छूट गया था और पिता में भाग आया था। वे भ्रमित हो जाते, हूगो और मुझे भूल जाते, चीज़ों का घाल-मेल कर देते, शहर ग़लत रास्ते पर चले जाते और सोना न चाहते हुए भी सो जाते।

आख़िरकार वे घर आ जाते, किन्तु थके हुए और अन्यमनस्क, वैसे नहीं जैसे हुआ करते थे। हम चिन्तित बने रहते। हालाँकि ज़्यादा ख़राब और अधिक अनपेक्षित ढंग से। मेरे भेजे में यह घुस गया था कि इस घर में ही यह सब है और सीरि ने हम लोगों के लिए ही इन्हें पनाह दे रखी है। जब वह चली गयी, यह सब बेघर हो गया।

निश्चित ही यह उसी तरह का हो सकता था जैसे समुद्र के साथ।

सीरि समुद्र के बारे में लगातार बात करती। उसे मैदान पसन्द नहीं थे। एक दिन पिता ने हमारे लिए बस टिकिट खरीदे और हम सब वहाँ गये। तेज़ हवायें और ठण्ड थी और वहाँ कुछ भी ख़ास नहीं था। सीरि ने भी ऐसा नहीं सोचा था, हालाँकि उसने एक नज़र डाली थी और हल्का-सा रोयी थी।

मैं तेज़ हवाओं में समुद्र के किनारे चली थी और फिर मैंने वो देखा जो उल्लेखनीय था। वह विभाजन की रेखा भी। जहाँ तट शुरू होता था वहाँ समुद्र का अन्त था किन्तु दूसरी तरफ़ से भी, जहाँ तट समाप्त होता था, समुद्र की शुरुआत थी। इसलिए शुरुआत और अन्त एक ही थे। सिर्फ़ दूसरे पहलू से। तट पर खड़े इस बारे में सोचते हुए मेरा सर चकराने लगा। पिता और सीरि के साथ भी किंचित ऐसा ही था। जहाँ एक ख़त्म है, दूसरा शुरू होता है। पिता की शान्ति सीरि की चिन्ताओं से उपजी थीं। इस प्रकार उन दोनों के बीच एक विभाजक रेखा थी जो उन दोनों को जोड़ती थी। वे एक दूसरे की तरह नहीं थे। वे लगभग एक दूसरे के बगैर कल्पनीय भी नहीं थे।

सीरि के खेतों के पार भाग जाने के बाद यह बात ज़्यादा साफ़ हो गयी थी, पिता को कुछ हो गया था। ऐसा लगता था वे भूलते जा रहे थे वे कौन थे। भ्रम उन्हें दबोच रहा था। हूगो और मैं भी अलग थे।

उस दौरान मैंने बहुत-सी कहानियाँ बनायीं, और हूगो को उनमें से ज़्यादातर सुनना होती थीं। सब कुछ सहज होता अगर सीरि घर पर हमारे साथ रह गयी होती।

पाँचवाँ अध्याय

यह सब शुरू हुआ दादी के ग़ुस्से से। उसके अक्कखड़पन और ज़िद की वजह से घर वुजूद में आया। इसी तरह लामेक के लिए उसका अविभाजित और सतत प्रेम भी। उसने यह प्रेम तहे दिल से उसे दिया। वह लाल रज़ाई के भीतर उसके स्तनों और जँघाओं के बीच तैरा करता, वह उसे अपनी बाँहों में ऐसे भर लेती जैसे वह आटे का लोया हो, पुचकारती, चूमती और गुदगुदाती।

यदि कोई उससे बदसलूकी करता तो वह अपने स्कर्ट की किसी तह में उसको छिपा लेती। वह उसकी हिफ़ाजत करती और रक्षा करती। अगर वह उससे नाराज़ होती, तो कुछ इस तरह चपियाती जैसे पिल्ले को चपत लगाते हैं, तब वह उसे फिर से उठा लेती और सान्तवना देती और गुदगुदाती और हँसने को मजबूर कर देती।

वह उसके इर्दगिर्द छपछपाता, उसकी बाल्टियों और सफ़ाई वाले ब्रशों के बीच, जब वह शहर की स्त्रियों के घर होती। लामेक का उसके साथ नहीं होने का कोई सवाल ही नहीं होता, स्त्रियाँ कुछ भी कहा करें। और स्त्रियाँ दादी से भयभीत थीं। वह ही थीं जो तय करती थी क्या होना है, कब खिड़कियाँ साफ़ करना है, अलमारियाँ खाली करना है, चाँदी पर पॉलिश या फ़र्श पर। उसके आने पर स्त्रियाँ उसे दलिया और कॉफ़ी देतीं और लामेक के लिए जगह भी। दादी त्यौरियाँ चढ़ाती हुई रसोई की मेज़ पर बैठती और अच्छी भूख के साथ खाती। मुआयना करती और हिसाब लगाती। वह विचार करती और गुनती। इसके बाद प्रेरित हो जाती। पिता के अनुसार।

उसने अपना कप एक तरफ़ सरका दिया। अपने घुटनों पर हाथ फिराया, फिर उन्हें थपथपाया, और अपने पैरों पर खड़ी हो गयी। यदि किसी स्त्री की अपनी कोई इच्छा या विचार होता, तो अब काफ़ी देर हो चुकी होती। दादी के समक्ष युद्ध का नक्शा साफ़-साफ़ दिख रहा है। यदि फ़र्श का मसला है तो सोफ़े और टेबल जा चुके हैं। यदि खिड़कियों की बारी है तो गमलों ने मार्च कर लिया है। यदि स्त्री ने

सोफ़े के दूसरी तरफ़ हाथ लगाने की ज़ेहमत उठायी तो अच्छा है, नहीं तो वह दूर ही रहे। यही लामेक भी करता था।

दिन गुज़रते गये और साबुन और मोम-पॉलिश की रूखी गन्ध में वह बड़ा हो रहा था, दूसरे लोगों के घर और स्त्रियाँ, वसन्त की रोशनी और शरद की मैदान पार की हवाओं के बीच दादी की डोलती पीठ पर वह आगे पीछे होते बड़ा हो रहा था। उसे काम करना पसन्द था। स्त्रियाँ उससे डरतीं, लामेक कहता था। किन्तु उन्हें वह चाहिए थी।

कभी-कभार शहर में नौकरों का कमरा या ऐसा ही कुछ का प्रस्ताव भी मिलता, एक स्थिर नौकरी, नियमित तनख्वाह। दादी फटकार देतीं। नौकरानी का कमरा। उसका अपना घर है। उसकी कोई तमन्ना नहीं है दूसरे की छत के नीचे जाने की।

उसने यह सब बहुत झेला था।

हमेशा के लिए।

वह अपनी लाल रज़ाई के भीतर लेटी थी, कल के अख़बार के पन्ने पलटती हुई, जिसे औरतों ने दिया था। उसने विज्ञापन पढ़े, बाहर सूरज अन्तहीन मैदान में डूब रहा है, अख़बार की फड़फड़ाहट सुनता हुआ, लामेक उसके पास लेटा है।

वह घास और मक्का के बीच सरकती हवा की आवाज़ सुनता, या खिड़की के पल्लों से टकराती मेपल की पत्तियों की। पंजों और पूँछों के थपथपाने की आवाज़ भी। दीवारों में रहते चूहों की चीं-चीं, कभी-कभी चुपके-चुपके बिल्ली के पीछे चलने की, या लोमड़ी की भी।

हर शाम मुर्ग़ी-घर से आती कुड़कुड़ वह सुनता जब मुर्ग़ियाँ मुर्ग़े के पास जगह पाने के लिए टण्टा मचातीं। और सब शान्त हो जाता। फिर कभी-कभार वह कुछ और सुन पाता—कुछ बड़ा-सा। उसने एक बार यह कहा। वह बता न सका क्या था, किन्तु सिर्फ़ यह कि जिसने भी सुना है वह जानता है कि वह क्या है।

दादी लैम्प बुझा देती। लामेक अपने को किसी तह में पाता या दादी के शरीर की किसी सलवट में। वह बार-बार करवटें बदलती और वह उसे थामे रहता, लगभग

अपनी नींद में, फिर वे दोनों सो जाते।

इस तरह दिन और रात और समय गुज़रता रहा।

वह पाँच का हुआ। फिर दस का। हर समय वह दादी का लड़का शहज़ादा था, उसकी आँख का तारा, उसके दिल का सुकून। वह बारह का था और अब भी रज़ाई में साझा था।

किन्तु अब वह दादी की सायकिल के कैरियर पर बैठकर शहर नहीं जाता था। उसकी अपनी सायकिल थी, बहुत बड़ी-सी, एक विज्ञापन पढ़कर ख़रीदी गयी। वह सायकिल से स्कूल जाता, शुरू में कैंची सायकिल चलाते हुए, दोनों पाँव फ्रेम के बीच से, बाद में सीखते हुए, ऊपर बैठकर।

बीच के समय में दादी के ख़रगोशों और मुर्ग़ियों की देखभाल करता।

अन्यथा वह आवारागर्दी करता था।

समय कठिन था, सड़कों पर आवारगी, बेरोज़गारी और विकराल कीमतें, किन्तु दादी सम्भाले थी। वह खाना पकाती थी और लिल्यग्रेन से छोड़ा हुआ खाना घर ले आती थी। पिता दुखते पेट के साथ राह तकते थे। जब सर्दियाँ और ठण्ड होती तो भूख और ज़्यादा होती। तब वह रज़ाई के भीतर लेटा रहता, स्कूल के बाद और जटिल स्वप्न देखता। नींद में वह दादी का सड़क से चिल्लाना सुन लेता, जिसकी उसने आदत डाल ली थी। फिर सपनों के बुलबुले धीमे से उसके सिर में जा फूटते, अपने पीछे साबुन की साफ़ गन्ध छोड़ते।

वह ठण्डा था। धीमे से उसने अपने पतले अंग फैलाये और डगमगाते हुए बाहर किचन की तरफ चला, चूल्हे में आग लगाने। वह भूखा था। जम्हाई लेता और भूख से तरसता, वह मेज़ पर बैठ जाता और अपनी नाक में उँगली करता, अन्दाज़ा लगाता कि लिल्यग्रेन के दिन के खाने में क्या था।

गर्मियों में वह गर्म सूरज में घास पर लेटा रहता सुख से कुनमुनाता, ख़रगोश

के बच्चे को अपनी बाँहों के कँटिया में अटकाये, जबकि भाई-बहन चारों ओर घास कुतरते घूम रहे होते। कभी-कभी वह अपनी चौकस आँख खोलता और पीले सूर्य की चमक उसमें दिख पड़ती। फिर वह सो जाता।

किन्तु इसी तरह के एक दिन, जब वह तेरह का था और घास में लेटा था, वह अचानक उठा, अपनी सायकिल उठायी उसने और लड़कियों को देखने निकल पड़ा, वह ठीक-ठीक जानता था वे कहाँ होंगी।

लड़कियाँ भी लामेक को ठीक से जानती थीं।

शीघ्र ही, लामेक ने कहा, उसने जान लिया था कि सूर्य और औरत में बड़ी समानतायें हैं, दोनों ही मामलों में कुछ बड़ा और पीला और गर्म है, वह जो निश्चित ही तुम्हारे गाल जला सकता है यदि तुम सावधान रहना नहीं जानते, किन्तु जो दूसरी तरफ़ अपने में समेट लेता है, झुलाता है, तुम्हें उस मछली की तरह होने का एहसास दिलाता है जो अजब समुद्र में है पसीने की गन्ध छोड़ती।

वह हमारी सीढ़ियों पर बैठा था जब उसने वसन्त की धूप में यह बतलाया, उसका इशारा सीरि की तरफ़ था।

नंगे पैर और अपना किमोनो पहने, सीरि, दादी के आलू की ख़ुदी हुई क्यारी को ताक रही थी, जहाँ उसने कुछ बीज फेंके थे जो अपने उगने के कोई संकेत नहीं दे रहे थे।

वह रविवार की सुबह थी। पत्ता गोभी के सफेद रंग-सी कोई तितली फड़फड़ाती गुज़री, हवा न थी, और गर्मी थी।

सूरज सीरि के लम्बे सुनहरे बालों में चमक रहा था, झिलमिला रहा था। वह ख़ुश थी, अभी जागी थी—हम सब अभी ही उठे थे। पिता, अधनंगे, अपने हाथों में कॉफ़ी का कप लिए सीरि को देख रहे थे।

दादी का इन्तकाल हो चुका था और लम्बे समय तक उस क्यारी में कोई आलू नहीं उगे थे। किन्तु सीरि ने कुछ बीज डाल दिये थे। वे सम्भवतः नीचे की तरफ़ उग रहे थे बजाय ऊपर के, लामेक ने कहा, सीरि इस तरह की ही थी, उसमें चीज़ों

को उलट देने की योग्यता थी।

उसका स्वर ख़ुश और दोस्ताना था। दुर्भावना से भरा तो बिलकुल ही नहीं—उसे बीजों की चिन्ता नहीं थी। उसने कॉफ़ी ख़त्म की और सीरि को ग़ौर से देखा। उसने दाढ़ी नहीं बनायी थी और हूगो गोदी में चढ़ने की जुर्रत कर बैठा था। मैं अपना पायजामा पहने पिता से सटकर बैठी थी।

'आदमी,' लामेक कहता था, 'कुछ नहीं सिर्फ़ छोटी मछली है औरत के विशाल समुद्र में।'

हूगो और मैं हँसे, किन्तु मैं ध्यान से सुन रही थी। दूर कहीं से चर्च की घण्टियों की आवाज़ आ रही थी, तेज़, मैदान के ऊपर गरजती, आगे बढ़ती हुई। मैं पिता के सहारे टिक गयी थी। उन्होंने मुझे अपनी बाँह में भर लिया, कॉफ़ी का कप हाथ में लिए, दूसरे हाथ से हूगो के पेट को थपथपाते। खट्टी और अच्छी गन्ध आ रही थी उनसे।

हम खुश थे दादी के घर में। पिता ने बहुत पहले ही, जो कहा था, वापस ले लिया कि सीरि ने दादी को मारने के लिए ज़ंग लगी कील रखी थी। सीरि आलू बोने वाली क्यारी में चल फिर रही थी और भव्य और चमकदार थी। लामेक ने उसे देखा और मुस्कुरा दिया।

किन्तु फिर, एक बार जब वह लेटा था मक्के के फूलों के बीच किसी गड्ढे की ढाल पर, दबाता, धकियाता, अचानक उसने गर्दन पर शक्तिशाली पकड़ महसूस की।

यह दादी थी।

उसने झटके से उसे खींचा और वह निरीह चिथड़े की तरह घास से निकल आया, बिल्ली या बच्चा ख़रगोश। जो भी उसके नीचे लेटी मरियल-सी लड़की होती

वह भाग खड़ी होती, आखिरी झलक उसके स्कर्ट की होती, लाल या नीली, चौखाने या धारियाँ, सम्भवतः एक हाथ से जाँघिया ऊपर को खींचती ताकि उसके पैर मुक्त हो सकें।

फिर लड़की चली गयी।

किन्तु दादी पिता को कॉलर से अपनी मज़बूत पकड़ में एक हाथ से सम्भाले, दूसरे हाथ से पीट रही होती। एक हाथ उसके कान पर पड़ता। वह चकराकर और अपने भाग्य में आये इस आकस्मिक बदलाव से घबराकर, ज़मीन पर गिर पड़ता परन्तु दादी उसे उठाती, हालाँकि वह बड़ा था और एक बार फिर ज़ोर से मारती। उसके पीछे उसकी सायकिल, सड़क पर धूल में गिरी पड़ी थी, उसका अगला पहिया अभी भी घूम रहा था।

थोड़ी ही दूर, दूध की केन गिरी हुई थी जो उसके हैण्डल पर टँगी थी। ढक्कन उड़ गया था और दूध गरगर की आवाज़ के साथ बजरी में सोखा जा रहा था।

लामेक और कुछ नहीं देख सका। वह अपनी बन्द आँखों के साथ छोर पर खड़ा हुआ था, उसका हाथ कान पर था, उसका सिर बज रहा था और टीस रहा था। जो भी कुछ घटा था उसे वह मुश्किल से ही समझ पा रहा था। और उसने सोचा पूरी दुनिया किसी अँधेरी खाई में गिर चुकी थी, सोख ली गयी थी और ग़ायब हो गयी थी, लेकिन फिर उसने एक नन्ही चिड़िया को सुना।

उसने सावधानी से अपनी आँखों को खोला।

जब वे साफ़ हो गयीं, उसने दादी को सड़क के दूसरी ओर देखा, तनकर खड़ी हुई, क्रोधान्ध, आवेश के भिनभिनाते बादल में मधुमक्खियों के काले झुण्ड की तरह, दोनों के बीच सायकिल और दूध की केन, दोनों के ऊपर सरई की टहनियाँ, और कहीं ऊपर आसमान।

फूले हुए सफ़ेद बादल, नीला आसमान और सूर्य।

किन्तु वे इसे नहीं देख सके थे। न दादी न ही लामेक। उसने पहले कभी ऐसा महसूस नहीं किया था। वह विस्मित था, वह कान का दर्द भूल गया और नाराज़ भी न हो सका। उन्होंने सड़क के आर-पार से एक-दूसरे को घूरा। कुछ घट गया था, कुछ अनिर्वचनीय।

अन्ततः दादी बोली : 'मेरी लाश पर'।

दादी ने कहा।

केन की उपेक्षा करते हुए उसने अपनी सायकिल उठायी। वह उस पर चढ़ी नहीं, किन्तु उसे घर ले चली जैसे वह गाय हो। पिता वहीं खड़े रहे जहाँ थे, सरई के पास और उसे छोटा और छोटा होते देखते रहे, पीले खेत यहाँ-वहाँ नीले और लाल, सरई की गली दूर नीचे समुद्र की ओर जाती हुई, दृश्य में बीच की सड़क बल खाती हुई।

फिर एक ढलान पर दादी प्रकट हुई, ग़ायब और फिर प्रकट हुई, छोटे-से-और छोटे बिन्दु में घटती हुई।

लामेक के दिमाग़ में विचार तेज़ी से आ-जा रहे थे, खानेदार, एक दूसरे में खुद को उलझाते हुए, अन्ततः सुलझाना मुमकिन न था। वह वहाँ खड़ा रहा। इससे कुछ बेहतर करने की वह सोच नहीं सकता था। वह वहाँ रुका रहा जब तक कि वह भूख-प्यास से मरने न लगा। तब तक शाम हो चुकी थी।

इसके बाद वह अपनी सायकिल खोजने खेत में नहीं जाता और न सिर झुकाये पैडल घुमाता घर लौटता, एक खास छौंकती कँपकँपी उसके पूरे शरीर में होती।

वह दूध की केन भी भूल जाता। वह कुछ दिनों तक सड़क पर वहीं पड़ी रहती और दादी उसके पास से अपना सर ऊँचा रखे गुजरती, उसे उठाने के लिए बिना रुके। अन्त में लामेक यह करता।

इसके बाद यह कई बार हुआ। भूसे के ढेर में फ़ार्म पर जहाँ से वे अपना दूध ख़रीदते थे—यह लिस्बेट थी। आलुओं के पुआल के पास जहाँ से वह काँटा लेकर गया था—यह इयेलिन थी। ख़रगोशों के दड़बे के पास मुर्ग़ियों के दड़बे में जहाँ गर्म और सुखद है—यह मलियाना या अन्ना थी। सड़क के किनारे स्कूल के उस पार (ढलती शरद में, लगभग

सर्दियों में बाहर के अँधेरे में, जहाँ कुछ भी भाँपना लगभग असम्भव हो), फिर इयेलिन।

दादी की गिरफ़्त। और इयेलिन का बिजली-सी तेज़ गति से ग़ायब होना।

पिता तेरह के थे। वे चौदह के हुए और लड़कियों के नाम थे—आयना या ब्रिगित्ता या इयेलिना—यह बदलता था—और अन्त में पन्द्रह के हुए। ऐसा लगता था उन्होंने कभी सबक नहीं सीखा। दादी ने उन्हें अपने बिस्तर से निकल जाने की सज़ा दी। लाल रज़ाई अब उनके लिए न थी।

उसे अब ज़मीन पर सोना पड़ता था, अब तक जो जगह मांस रखने के काम आ रही थी, वहाँ बाद में हूगो और मेरा कमरा बनने वाला था। वह ऐंठता और पलटता था उस डल्लेदार थुलथुले गद्दे पर जब तक दादी ने अख़बार के विज्ञापनों में सस्ती वापरी हुई खटिया नहीं पा ली।

वह सँकरी और सख़्त थी। वह दुखी हुआ, और उदास।

इससे बुरा अभी और होना था। खटिया एक चीज़ थी, लामेक ने एक शाम कहा, जब दादी मर चुकी थी और सीरि अच्छे मिजाज़ में थी, जब हम सब रसोई की मेज़ पर बैठे थे। वह उसके सख़्त और बेआराम होने का आदी हो चुका था। अकेले सोने के अपने फ़ायदे थे, और किसी भी तरह, अभी या बाद में यह तो होना ही था। न ही लड़कियों के बारे में सोचने का कोई फ़ायदा था। दादी को तो ऐसा नहीं करना चाहिए था। यह कुछ ऐसा था जो बस हो जाया करता था। संयोग, आकस्मिक परिस्थितियाँ, जिज्ञासा।

जो बात तकलीफ़देह थी, पिता कहा करते, और निराली, और अन्ततः जिससे बाहर आना असम्भव था, वह कुछ और ही थी। यह दादी का नज़रिया था, जो पूरी तरह बदल गया था, हर तरह से और बुनियादी तौर से।

पिता चुपा गये।

लामेक हमें सिर्फ़ वही बातें बतलाता था जो मज़ेदार और रोचक होतीं। दीगर बातों

को वह इस लायक नहीं समझता कि उन पर सोचा जाये। सीरि के साथ बात बिलकुल दूसरी थी। जो भयावह हो और विचलित करता हो उसकी रुचि सिर्फ़ उसमें ही थी; युद्ध, विश्वासघात और मृत्यु। इस तरह वे एक-दूसरे से भिन्न थे।

जब लामेक, सिद्धांततः, दादी अपने व्यवहार में कैसे बदल गयी, यह नहीं बतलाना चाहता था, वह टोक देती—उसकी भूख भड़क उठती। हम रसोई में थे, मोमजामे की गुलाब की कलियों के पास और सीरि उसे जाने नहीं दे रही थी।

'उसने क्या किया था?'

'कहना मुश्किल है।' लामेक ने कहा।

उसके लिए शब्द ढूँढ़ना मुश्किल है, किन्तु दादी ने फिर अपना काला रूप उसकी तरफ़ कर दिया। उसने पहले ऐसा कभी नहीं किया था। पहले उसका गुस्सा, आदमियों से, पंचायती पड़ोसियों से, द्वेष से भरी ज़बानों से, मूरख शिक्षकों और बुरी नज़रों से बचाने के लिए ही था।

दीवार और ढाल की तरह दादी का क्रोध था। किसी भी दीवार से ज़्यादा मज़बूत। वह दुनिया की तरफ़ मुड़कर और उसे लपेट लेता था। और वह बराबर मज़बूत होता चला गया। किन्तु अब लामेक अपने को उसके बाहर पाता था।

दीवार के भीतर दादी थी, वहाँ जहाँ रज़ाई थी और गर्माहट थी। उसे कुछ संकेत मिले थे, किन्तु वह ख़ुद दीवार के बाहर बची हुई मानव जाति की संगत में रेंग रहा था। यह साथ मतलब का न था और वह जल्दी ही जान गया। जब दादी भीतर अपना खूँटा गाड़े खड़ी थी।

दुनिया में कोई एक दरार थी और बहुत ठण्डा झोंका उसमें से आ रहा था। वह समझ नहीं पाता था कि पीठ पीछे उनके बारे में ऐसा क्या कहा जाता था, जबकि वह दादी की आँखों का तारा था। अब उसके शरीर में जूँ की तरह कुछ रेंग रहा है। अप्रिय हँसी, फुसफुसाहट और तिरछी निगाहें, तीखे रूखे शब्द अचानक उसके चारों ओर गूँजने लगे (रण्डी का बच्चा, हरामी जिप्सी), उस विज्ञापन की खटिया में वह ऐंठता और पलटता रहता।

उसने पिण्ड छुड़ाने की कोशिश की। किन्तु वे खटमल की तरह रेंग आये। अँधेरे के बाहर द्वेष से भरी आँखें उसे ताक रही थीं और उनमें उसने देखा, ख़ुद के प्रतिरूप को, दुबला और गन्दा, बिखरे हुए बालों के साथ।

उन आँखों से पीछा छुड़ाने के लिए उसे क्या करना चाहिए? वह दादी पर गुस्सा हुआ और मुर्ग़ी-दड़बे की दीवालों को अपने मुक्कों से पीटने लगा, जब वह नहीं देख रही थी। साली, चौका-बर्तन करने वाली।

किन्तु जो कुछ भी हुआ वह सिर्फ़ इतना था कि उसकी उँगलियों के जोड़ों से थोड़ा खून बहा। पिता में दादी जैसा रोष न था। भीतरी आग नहीं, उसकी तरह की नहीं, जो भी था किसी धीमी लौ की तरह चमकता और तत्काल ही बिना किसी सरसराहट के बुझ जाता।

इस तरह वह अपने को दूसरों की आँखों से देखने लगा, और यह सुखद न था। वह सिकुड़ा और अपने को छिपाने की कोशिश करने लगा, ज़्यादातर दादी की आँखों से।

अब वह समझ गया था उसे खुद की दयनीय अवस्था दिखलायी गयी थी, और कोई नज़रें इतना नहीं उघाड़ती थी जितना साफ़ और पैनी दादी की नजरें। कोई कमज़ोरी उससे चूकती नहीं थी। वह भाँप गया कि दादी सोचती थी कि वह उसके बारे में ग़लत थी।

एक दिन उसका लड़का शहज़ादा और उसके दिल का सुकून, दूसरे दिन, बिलकुल विपरीत। वह उसकी सख़्त निगाहों से बचता था और नज़रें चुरा लेता था। वह अपने में बनी रहती। वह शाम को अपने खाने की प्लेट पर झुकता और अपने मुँह में खाना ठूँस लेता, किन्तु जब उसकी तरफ़ देखता वह अपने हाथों में चम्मच लिए बैठी, बिना खाये उसकी ओर देख रही होती। उसकी आँखें विचारमग्न होतीं और ठण्डी और सख़्त।

उसे लगता उसकी चमड़ी उघाड़ ली गयी है।

'और फिर?' सीरि पूछती।

फिर कुछ ख़ास नहीं, पिता कहते। 'था,' सीरि कहती। 'अब शुक्रवार को,' पिता खींसे निपोरते कहते। और सीरि फिर कितना भी दबाव डालती वे एक शब्द भी नहीं बोलते।

छठा अध्याय

दादी उसे अपलक देख रही थी। बाहर साँझ टिमटिमा रही थी, मैदान के आर-पार हिचकिचाती धूसर रोशनी थी।

लामेक ने अपनी प्लेट एक तरफ़ सरकायी और बाहर निकला, बरामदे में अपने जूते ढूँढ़ने के लिए, ख़ुद को घूरा जाना उसे पसन्द नहीं था, और दादी की आँखों द्वारा नंगा किया जाना उसके लिए सहज नहीं था।

उसने अपनी सायकिल उठायी। इस वक्त, वह सड़कों पर आवारगी करने निकला। बिल्ले की तरह ऊपर नीचे आता जाता। यदि उसकी नज़र किसी दरवाज़े पर धुँधलके में खड़ी अन्ना या इयेलिन पर पड़ती वह ब्रेक लगाता, किन्तु उसकी हिम्मत जबाव दे जाती।

वह खड़ा था हैण्डल पर अपने हाथ रखे, पास जाने का जोखिम न उठाते। लड़की ने साँस खींची और अपने दाँतों पर ज़बान फिरायी। वह देख सकती थी उसकी आँखें दो मशालों की तरह चमक रही हैं। फिर वह एड़ियों पर मुड़ती और भाग जाती।

लड़कियाँ लामेक पर हँसतीं। वे दादी के बारे में जानती थीं और उसकी गर्दन पकड़े जाने के बारे में। लामेक के लिए हर बात पहले से .ज्यादा मुश्किल होती जा रही थी। लड़कियों के स्तन और नितम्ब और बढ़ गये थे और वे उसे मूर्ख बनाती थीं।

हर चीज़ बहुत कठिन हो गयी थी। वह सड़कों पर आवारा बिल्ले की तरह भटकता, फिर उसे शहर में 'लून्दस्त्रोम के शवदाह ब्यूरो' के कपड़ा डिपो में छोटा-मोटा काम करने की नौकरी मिल गयी।

शहर में खिड़कियों से भीतर आती रोशनी ज़्यादा गर्म और पीली थी, बाहर दादी की खिड़कियों के बजाय, बारिश और मुलायम बर्फ़। वह अक्सर घर इतनी देर से लौटता कि दादी लैम्प बुझा चुकी होती थी, मेज़ पर उसके लिए खाना छोड़ देती जो ठण्डा हो जाता। उसे दादी की निगाहों से परखे जाने और नग्न किये जाने से

यह अधिक पसन्द था। किसी समय कोई व्यथित स्मृति कि उसने क्या खो दिया है, ठण्डे आलुओं और चिकने गोश्त पर गर्म हवा की तरह तैर आती।

कई बार, अक्सर नहीं, दादी बाहर आ जाती और मेज़ पर बैठ जाती, जैसे वह पहले करती थी। वह उसके दूसरी तरफ़ सामने बैठी थी। अपनी रात की पोशाक पर खुद की बुनी हुई जर्सी पहने, कुछ देर उसे सुनती हुई जब वह शहर के बारे में बताता, जैसे ही दादी की आँखें कुछ नम पड़तीं, वह उनमें समाने लगता, अपने कन्धे चौड़े करता और साँस छोड़ता, पीछे की जेब से ब्रज सिग्रेट निकालता और उसे सुलगाता।

किन्तु जैसे ही दादी की आँखें ठण्डी होतीं वह सिकुड़ जाता।

यह लगभग असहनीय था। वह पन्द्रह का, पूरा वयस्क था और वह बाहर कर दिया गया था। वह उड़ा जा रहा था दादी के रोष की दीवार के बाहर।

एक शाम, लगभग रात, वह रसोई की मेज़ पर बैठा था, अपना सिर हाथों में लिये, सोच रहा था उसे सच में चले जाना चाहिए। हमेशा के लिए। वह इस तरह नहीं रह सकता था, और उधेड़ा जाना।

जैसे कि दादी ने उसके विचार जान लिये हों, वह कमरे से बाहर आयी। यह शरत्काल था, रातें बेहद सर्द थीं, और रसोई-घर भी ठण्डा था, सो दादी ने अलाव जलाया। ज़ाहिरा तौर पर ज़्यादा सहानुभूति जतलाने को इच्छुक। वह उसके सामने मेज़ पर बैठ गयी, उसके बाल कन्धों पर लटके थे, दोनों के बीच मौजूद लैम्प कोमल छायाएँ दीवार पर फेंक रहा था, हरी लकड़ी की फलक का चित्र, कैलेण्डर, ड्रेसर और अलाव।

उन्होंने बात शुरू की, किसी ख़ास विषय पर नहीं, सिर्फ़ बात शुरू करने के लिए, फिर सब बेहतर होता गया। दादी लगता था समझौता चाहती थी, और सबकुछ पूर्ववत्। जब लामेक ने बात ख़त्म की और अपनी सिग्रेट निकाली दादी ने भी एक चाही। उसने कभी उसे मुँह में सिग्रेट दबाये नहीं देखा था। इस दृश्य ने उसे आनन्दित कर दिया, लगभग उकसा दिया। शायद यह अलाव की गर्मी थी जो फैल रही थी। या सिर्फ़ सचमुच ही दादी की हितैषी नज़रों की।

वह उनमें रम गया, फिर उसने डकार ली और अपनी कुर्सी झुकायी। अपने हाथों के पिछले भाग से मुँह पोंछा और कुर्सी पर मज़बूती से टाँगें फैलाकर बैठने की हिम्मत की। दादी वहाँ बैठी सिग्रेट का धुआँ उड़ा रही थी—वह विचित्र दिख रही थी।

ख़ूबसूरत, बजाय विचित्र के। लामेक की कमर और हथेलियाँ हल्की सुर्ख़ हो गयीं जैसे ही उसके विचारों ने खोयी हुई गर्मी को छुआ। जब वह अलाव में एक और लकड़ी डालने के लिए उठी, उसने देखा कितनी आकर्षक थी वह, काले बालों में चाँदी के धागे, उसके गाल मुलायम थे, वह मुस्कुरा रही थी।

जब आग में लकड़ी डालने की उसकी बारी आयी, वह उसके कन्धों पर हल्के से टकरा गया, बिना किसी आशय के। बस सिर्फ़ हो गया था। दादी निश्चल बैठी थी, उसका चेहरा बालों की लटों में छिपा था। किन्तु लामेक ने उसे अपनी बाँह में समेट लिया। उसने लगभग अपने को जला लिया।

उसके हाथ जलती हुई आग की तरह हो गये थे और उसे वापस खींचना पड़े। दादी शान्ति से उठी। फिर उसे महसूस हुआ कि वह दादी से ज़्यादा लम्बा हो गया था। कोई शक नहीं उसका ध्यान उस शाम कई बातों पर गया, किन्तु सबसे पहली बात यह थी कि क़द निकल आने से वह दादी से बड़ा हो गया था।

उसकी कमर में झुलसाने वाली गर्मी अभी थी, साथ ही साथ हथेलियों में गर्माहट जब उसने दादी का चेहरा अपने हाथों में पकड़ा और उसे चूमा। दादी ने होने दिया। उसने कुछ नहीं किया, कोई प्रतिकार नहीं, उसने अपनी बाँहें भी नहीं उठायी, वह अपने नाइट गाऊन में निश्चल खड़ी रही। उसकी गहरी आँखों में लैम्प की रोशनी प्रतिबिम्बित थी। शायद वह तेज़ साँसें ले रही थी, बस इतना ही।

वह सुन्दर थी। अचानक लामेक ने महसूस किया कि वह बिखरे बालों वाला गन्दा बच्चा नहीं रहा। इस एहसास ने उसे उत्तेजना से भर दिया, धीरे-धीरे नशे में वश नहीं रहा, चूँकि उसके भीतर उठ रही गर्मी से एक पल उसने सोचा कि वह आग पकड़ लेगा और जल जायेगा, लगभग वैसे ही जब वह छोटा था और लपेट कर रस्सी से बाँध, कोने में बन्द किया जाता था।

किन्तु इस वक्त कोई रस्सी उसे नहीं बाँधे थी। वह उसके सामने घुटनों पर बैठ गया और उसे हर जगह चूमा, फिर उसे ऊपर उठाया और बिस्तर तक ले गया। वे रज़ाई में थे पुराने दिनों की तरह, किन्तु इस वक्त, वह खुश छोटी मछली की तरह उसकी जंघाओं और स्तनों के बीच नहीं तैर रहा था। वह जानता था एक दूसरी तरह से कि वह कहाँ जा रहा था। वह दादी से सिर्फ़ लम्बा ही नहीं था बल्कि शक्तिशाली भी था। इससे कोई फ़र्क़ नहीं पड़ता, क्योंकि दादी ने कोई प्रतिकार नहीं किया। उसकी अँधेरी दीवार गर्मी से पिघल गयी थी।

यह दादी और पिता के बीच समझौता था जिसकी कामना वे कर रहे थे। वे रज़ाई के भीतर कलाबाज़ियाँ खा रहे थे और एक-दूसरे को पाने के लिए बार-बार हाय-तौबा मचा रहे थे। उसे इससे पहले कोई अन्दाज़ा नहीं था कि औरत चीख सकती है जिस तरह उस रात दादी चीखी—निश्चित ही मीलों दूर तक सुना गया होगा। उसके दिल ने गर्म महसूस किया और विषाद से भरा समय लुप्त हो गया।

वह अन्त तक उस रात का शुक्रगुज़ार रहने वाला था।

जब भोर का उजाला फैला वह निश्चल लेटा था और उसने दादी की ओर देखा जो उसकी बाँह पर सोयी थी। वह सहज हल्के विचारों को टटोल रहा था—विज्ञापनी खटिया की रात अब ख़त्म हो चुकी थी, वह उन शैतानी आँखों और बुरे विचारों से छूट सकेगा। वह और दादी एक-दूसरे को फिर से दीवार के भीतर पा चुके थे। बचपना बीत चुका था।

तो अब हर सुबह वह हो सकता था जो होना चाहिए था। दादी सन्तुष्ट और ख़ुश, अलसायी चाल से रसोई घर में पहुँचेगी और चूल्हे में आग जलायेगी। और हर शाम शहर से पिता सायकिल पर लौटेंगे और वे पुराने दिनों की तरह एक लय में रहेंगे।

कुछ ठीक-ठाक हुआ, कुछ पथरीला और खुरदुरा रहा आया। पहली सुबह वह बिस्तर में लेटा हुआ था अंगों में एक नयी पूर्णता का भराव महसूस करता। कॉफ़ी की सुखद महक उसके नथुनों में घुसी और दादी दरवाज़े पर ट्रे लिये प्रकट हुई।

वह मुस्कुरा रही थी, उसकी आँखें चमक रही थीं और निष्कपट और बिना

क्रोध के थीं। यदि उस रात के बाद वह बड़ा हुआ था तो वह जवान हुई थी। वह साँवली और चौड़ी थी, काली आँखें, सीधी मज़बूत गर्दन, एक बड़ा गर्म शरीर, इस सबको पिता का होना था और इसे थामना था उन्हें।

यह ऐसा था। निश्चित ही यह सब पिता ने नहीं कहा हमसे—किसी को ऐसा सोचना भी नहीं चाहिए। मुझे कुछ बोध था। कुछ मैंने समझा था और फिर कुछ जोड़-तोड़ बिठाया। यह इसी तरह चलता रहता यदि उसने वह भारी भूल न की होती जिसका कुछ सम्बन्ध दादी की नज़रों में उसकी अपनी छवि से भी था। उसने उनमें देखा कि वह आकर्षक है, वह बड़ा हो चुका है और हर तरह से मोहक। मैला-कुचैला और फूहड़ तो नहीं ही है। इस एहसास ने उसे प्रसन्न किया और अक्खड़ बना दिया। कुछ रातें लगातार वह शहर में रुका रहा।

यदि ईश्वर है जो प्यार से लोगों का ध्यान रखता है, तो मुझे आशा है कि वह हमारे परिवार का भी ख़्याल रखेगा, जो प्रेम के कारण कुछ ज़्यादा ही मुश्किलों में था, ख़ासतौर पर इसलिए कि प्रेम की इन्तहा थी।

यही एक समस्या थी बस, और कुछ नहीं।

यदि प्रेम का कोई ख़ुदा है, हमें लेकर उसकी ज़रूर कोई मंशा रही होगी, जब उसने प्रेम हमारे ऊपर बरसाया जैसे खुले बोरे से उँडेल दिया हो। यदि उसका अस्तित्व नहीं है, तो बात दूसरी है, और हम सबको ख़ुद अपनी तरह सुलझाना होगा ये सब, प्रेम के बावजूद। मानव जाति किसी भी मात्रा में प्रेम को बरदाश्त नहीं कर सकती।

मैंने किसी विषय के बारे में इतना नहीं सोचा जितना प्रेम के बारे में सोचा है। मैं हर दिन इसी उम्मीद में रहती कि अभी मैं इसके लिए बहुत छोटी थी। किन्तु हर दिन मुझे एहसास होता कि मेरा अवकाश ख़त्म होने को था।

लामेक ने अपनी पीठ सीधी की, दादी की बदौलत। उसने अपना सिर ऊँचा उठाया और बालों को अलग ही अदा से पीछे झटका दिया। वह सायकिल चलाते समय सीटी बजाता था। वह दादी से समझौते के बाद आनन्द से भरा हुआ था, किसी नये शख़्स की तरह। जब इस तरह की घटनाएँ होती हैं, आप मीलों दूर से देख सकते हैं।

लड़की ने तत्काल ही जान लिया। कोई भी पूरी तरह पक्का नहीं था कि वह कौन थी—डिपो के मालगोदाम में मिली लड़की या लुन्दस्त्रम शवदाह ब्यूरो के मालिक की बेटी, जो फूल मालाओं और कफ़न के आर्डर नोट बुक में लिखा करती थी। लेकिन इससे कोई फ़र्क़ नहीं पड़ता। किसी भी तरह उसकी बाँह छू गयी थी। वह अपनी आँखों के कोने से उसे देखती, फिर वे उस दिन एक-दूसरे को कई बार छूते।

शायद उसने अपने किराये के कमरे या अटारी में, जहाँ वह रहती थी, कुछ अच्छी खाने की चीज़ छिपाकर रखी थी और उसने उसे लुभाया था जब वे "Gentleman after Midnight." या "The Prisoner of Zenda" फ़िल्म देखने गये थे। कोई क्या जाने, बस लामेक न नहीं कह सकता था। वह कभी इस योग्य नहीं हो सका। वह शहर में दो या तीन रातें रुका, फिर सायकिल पर रिवाज़ी रास्ते से दादी के पास लौट आया।

यह शरद के बाद के दिन थे, झुटपुटे में खेतों पर कौव्वों के झुण्ड कलाबाज़ियाँ खा रहे थे, फीके जामुनी आसमान के विपरीत उड़ रहे थे और फैलकर, सिकुड़कर अजीब और खूबसूरत आकृतियाँ गढ़ रहे थे। वे आकाश में ऊपर तेज़ हवाओं द्वारा पकड़े जाते, फिर पहाड़ों की तरफ डूबते और ग़ायब हो जाते।

भूरी-सी नमी हल रेखाओं में चमकती और ताज़े खाद की गन्ध वहाँ मौजूद रहती, और ताज़े क्षरण की। रहस्यमयी खमीरी प्रक्रिया हर तरफ़ होती। गायें अभी भी बाहर थीं और खेत के अन्धेरे में अनियमित आकारों में इकट्ठा हो रही थीं, नमी से चमकती हुईं।

उसकी सायकिल के पहिये गा उठे।

उसके विचार कहीं और थे, किन्तु अब वे इकट्ठा हो गये और उसे दादी

तक ले गये। अपनी अनुपस्थिति को लेकर उसने चिन्ता की कँपकँपी महसूस की, फिर खुद के घर पहुँचने की। वह दादी के घर के जितना नज़दीक पहुँच रहा था वह ज़्यादा बेचैन होता गया।

अभी हाल ही में वह खुशमिजाज़ और निर्भीक था। किन्तु अब अनिश्चितता उस पर फिर रेंग रही थी, जैसे नया गढ़ा गया व्यक्ति कभी भी पूरा नहीं किया गया हो। खेतों के ऊपर की जामुनी रोशनी विलीन हो गयी। क्षितिज पर पीली धारियों वाली धूसर रोशनी उभर आयी। वह स्कूल के पास मेपल वृक्ष के नीचे सायकिल चलाता गुज़रा, उसके पहिए सड़क के किनारे गीली पत्तियों पर फिसल रहे थे।

उसका जी मितला रहा था।

दादी के घर के लैम्प बुझे थे या अब तक जलाये नहीं गये थे। जब वह आखिरी छोटी चढ़ाई चढ़ने की मशक़्क़त कर रहा था, उसने यह देखा। क्या वह घर पर नहीं है? क्या वह उसे ढूँढ़ने बाहर जा चुकी है?

उसने बाहरी गेट तक जाने के लिए छोटा रास्ता चुना, भीगी-बिच्छू बूटी उसके पैण्ट के पायचों से टकराकर सरसरायी। उसने सावधानी से दरवाज़ा बन्द किया। वह चरमराया। अपने दिमाग में तेज़ी से घूम रहे कुछ छुट्टा विचारों को उसने रोका : अब वे कैसे मिलेंगे, वह और दादी?

क्या उसने उस चमत्कारिक रात का सपना देखा था?

अहाता लगभग पूरे अन्धकार में डूबा था सिर्फ़ एक हल्की, महीन दरार एल्डर की झाड़ी और मुर्ग़ी के दड़बों के बीच थी। वहाँ थी वह, दीवार से टिकी, उसकी बाँहें शरीर से लिपटी थीं। जब उसने उसकी आवाज़ दरवाज़े पर सुनी, उस दिशा में उसने अपना सिर घुमाया।

क्या वह काफ़ी समय से वहाँ खड़ी थी? वह उसके चेहरे को नहीं देख पाया था। वह अस्पष्ट था, धूसर सिर्फ़ एक पैबन्द, एक छोटा चकत्ता बिखरी रोशनी का। उसने सावधानी से खिड़की-रहित तिकोने से सायकिल टिकायी। अपनी टोपी उतारी और शरद का गीलापन पैण्ट के घुटनों पर से झाड़ा। फिर वह उसकी तरफ़ चला, ख़ाली और तैरता। वह उस तक पहुँचा इस उम्मीद से कि अस्पष्टता दूर होगी, जो दादी का चेहरा था, उसके नक़्श साफ़ होंगे पहचाने जाने वाली आकृति में और कुछ पढ़ने योग्य भाव मिलेंगे। अहाते का माहौल दूसरा था, और जो उस वक्त उसने देखा वह भी कुछ विशेष था। भयानक था।

वह दिल दहला देने वाला था।

वह सपना नहीं देख रहा था, वह एकदम यह समझ गया। सब वैसा ही हुआ था, जैसा उसे याद है, किन्तु अब दादी के चेहरे को कुछ हो गया था। उसकी मुखाकृति हमेशा सहज और साफ़ हुआ करती थी। आवेश या कोमलता। एक काला चेहरा और वह गुस्से का भिनभिनता बादल। या सौम्य चेहरा, साँझ के लैम्प की रोशनी की तरह।

यह या वह। बीच में, निश्चित ही, कुछ और भाव, निर्लज्जता, अन्यमनस्कता, या कभी उदासीनता। एक भाव एक समय में, लेकिन हमेशा ग़लती की कोई गुञ्जाइश नहीं होती, न ही चिन्तन करने लायक कोई बात। लामेक का सौभाग्य था, स्वभाव से ही वह विचारमग्न नहीं होने को बना था।

किन्तु अब एल्डर झाड़ी के पास, जाती हुई गर्मियों की रोयेंदार सीलन में, ऐसा जान पड़ा कि कई चेहरे अधिकार के लिए दादी के चेहरे पर लड़ रहे हैं। वह भयभीत था। वह ऐसी दिखायी दे रही थी जैसे किसी ने तमाचा मार दिया हो और जिसके लिए वह तैयार न थी : कोई दुख या कोई चोट उसकी आँखों में तैर रही थी, कुछ सूना या दमित, जैसे कि वह कोई बच्चा हो या कुत्ता।

वह चेहरा जो उसंकी तरफ़ पलटा वो इसी तरह का दिख पड़ा था। वह उसे बाँहों में भरना चाहता था और सान्तवना देना। किन्तु कुछ अचानक ही उसकी नज़रों में चला आया। कुछ धारदार, कुछ बाहर उफ़नता हुआ, वह उसे घूरने लगा, उसका

जबड़ा खुला था। जब उसने अभी-अभी बच्चों-सी सुभेद्यता उसमें देखी, यह उसके दिल को चीर गयी—वह उसे ढाढस बँधाना, चंगा करना और आगोश में लेना चाहता था।

अगले ही पल वह दहल गया, दादी की आँखों में उठते तिरस्कार को देखकर, जैसे वह अन्धे कुएँ से निकला हो। अत्यन्त गम्भीरता से, उसे यह महसूस हो गया था कि अब वह सह नहीं पायेगा : उसे इसका अनुभव पहले से भी था, किन्तु अभी जो देखा वो और भी ख़राब था। जैसे उस पर एक बड़ा-सा पोंछा फिर गया हो, अपने पीछे सिर्फ़ नंगा भय छोड़ते हुए।

फिर बिना चेतावनी के, दादी की आँखों में, नीचा मुँह किये हुए कुत्ते की तरह का देखना लौट आया, अपने को सम्भालने के लिए, उसे तेज़ी से एल्डर झाड़ी में शरण टटोलना पड़ी। उसमें अब हिलने की इच्छा नहीं बची थी, किन्तु वह आकुल था, छोटी किरचों से बिंधा हुआ था, और अपराधी-सा। अपने बचाव में दादी को पीटना चाहता था, किन्तु फिर एक तीखा तिरस्कार भाव लौट आया, वह लपलपाता द्वेष।

वह लड़खड़ाया और उसने मुर्गी के दड़बे का दरवाज़ा पकड़ लिया, उसके चेहरे के भाव के तेज का सामना करता हुआ, मानो उसकी चमड़ी फटकर उतर गयी हो, काटे गये बछड़े की चमड़ी उतारी गयी हो।

वे उस तरह खड़े थे, अहाते में एक-दूसरे के सामने, और दो चेहरे दादी के भीतर से मूर्तिवत् हुए मानों ताश की गड्डी में से निकले हों। उसके होंठ हिले, किन्तु शब्द नहीं आये। उसने कुछ कहने की कोशिश की, किन्तु कहने को कुछ न था। घण्टे के लोलक की तरह लामेक झूलता और हिचकोले खा रहा था, दादी के दोनों चेहरों के बीच। जैसे ही वह दूर झूल जाता नया चेहरा खड़खड़ाकर आ टकराता और विपरीत दिशा में धकेल दिया जाता।

वे एक-दूसरे में उलझ गये थे, दोनों ही एल्डर झाड़ी के पास, कुछ अटक गया था, ग्रामोफ़ोन के रिकार्ड की सुई की तरह एक ही वक्त में दो सुर खड़खड़ाते हुए, निर्वचनीय भय और भयानक अपराध-बोध से वह टकरा रहा था, जैसे झूल रहा हो।

उस क्षण उसने कुछ प्यार के बारे में सीखा, एक ऐसी सीख जिसके बगैर वह रहना पसन्द करता।

दादी आगे झुकी और दोनों के बीच ज़मीन पर उसने थूका, एक बड़ा-सा धब्बा। फिर वह घर में घुसी और दरवाज़ा धमाके से बन्द कर लिया। लामेक को कुछ एहसास हुआ, जो पहले कभी नहीं हुआ था, कि वह धब्बा जो उस पर थूका गया था, बेटे पर, वह उस अन्य के लिए था, वह अनजान जिसे दादी भयंकर क्रोध में मैदान पर छोड़ आयी थी।

वह इस अन्य के निकट कभी नहीं रहा था, उस अनाम अन्य के, और यह भयानक था। वह समझ गया कि प्रेम निरन्तर नया, निराश लीक पर बहता है, लोग एक रज़ामंदी के नाट्य में अभिनय कर रहे हैं, शुरू से ही, और हम ख़ुद अपने ऊपर मृतकों के लबादे ओढ़ लेते हैं।

वह बड़ी देर तक मुर्ग़ियों के दड़बे के पास रुका रहा, दादी के अँधेरे घर में लुप्त हो जाने के बाद। वह एल्डर की भीगी झाड़ी, और गोबर की तीख़ी गन्ध सूँघ सकता था।

मैं सोचती हूँ, लगभग यही हुआ होगा।

इस घटना के बाद वह सायकिल ले उत्तर की तरफ़ चला गया और फिर कभी न लौटा। फिर युद्ध शुरू हो गया।

सातवाँ अध्याय

...गर्मियाँ और सीरि जा चुकी थी।

रसोई के बाहर का मैदान लगातार बदलता था। वह पीला हो गया था और बकरी के बालों की तरह दिखता था, ढुलमुल हवाएँ उस पर बहते हुए खेतों में अपना रास्ता बना रही थीं।

शलजम और सरसों, शहद-सा चमकता गेहूँ, बबूने के फूल-सी फीके रंग की रोशनी के विचित्र पैबन्द। रसोईघर की खिड़की से मैदान बेचैन सोये हुए जानवर-सा दिखता। छोड़े और तजे हुए अल्प स्वप्न।

किन्तु जिन चीज़ों का आपसी सम्बन्ध है उनके बीच अप्रत्याशित मुलाक़ातें हैं, हर वस्तु जो संघनित और गुँथी दीखती, शहदी पीले या बबूने के फूल के रंग की रोशनी के मैदान में।

स्मृतियों की किरचें, उड़ते अतीत की सुगन्धें, फ़र का कोट पहने मैदान के बीचोंबीच स्मृतियों के रेशे, हवा के नन्हें झोंके अपने साथ लिये आते हैं।

हूगो यह सब समेट लेता। वह बाहर नहीं निकलता। वह अपने क्रेयान रंगों के साथ गुलाबकली मोमजामे पर बैठा है, अपने चौखाने में चित्र बनाता, और जब उसका चौखाना भर जाता वह पिता के बिल और रसीदों के पीछे अपने रेखांकन बनाता चला जाता।

उसके चारों ओर काग़ज़ चक्कर खाते उड़ते थे, बेचैन सोये मैदान के परिवर्तनों को उसे शीघ्रता से पकड़ना होता था, जहाँ छोटे जानवर अपने फूले नथुने लिये आगे पीछे दौड़ रहे थे, अपने भ्रमित और हड़बड़ी में किये जाने वाले कामों की ख़ातिर।

पूरा समय वह अपनी कुर्सी के पाये को लतियाता और गाता रहता, लम्बी एकरस बकवास जो उसे घटनाओं के क्रम की तत्परता और घुन्नेपन को पकड़ने में मदद देती थी। बाज़वक्त इस सबमें गले से निकली तेज़ आवाज़ों से व्यवधान पहुँचता, मशीनगन की गड़गड़ाहट और दुश्मनों की सेनाओं के बीच हुई प्रचण्ड लड़ाई की तरह।

हूगो के कागज़ पर अजीब प्राणी आकार ग्रहण करते।

उनमें से कुछ अत्यधिक फैले थे, एक तरह का बहता तनु तरल पीला, जब ज़रूरत होती तो एक-दूसरे को महीन परिरेखा से पकड़ लेते। उन्हें पेट के नीचे लगे कमज़ोर नोदकों से ताकत मिलती और पानी के पँखों से। ये अर्ध-पारदर्शी छितरे से प्राणी, वह शब्दों की लम्बी लड़ियों में गाता, नर जानवर थे, वे निरापद थे और पालतू थे।

किन्तु छोटे संघटित शरीर, मैदान की रोशनी के पीछे छिपे थे, शक्तिशाली पतवारनुमा दुम के साथ। वे ऊर्जावान और मनमौजी प्राणी, कभी भी अचानक नीची पीली सतह से उछलकर ऊपरी तेज़ हवाओं की सतह में अपने को आगे की तरफ़ फेंक देते।

इनमें से कुछ आप साफ़ देख सकते हैं, और वे तत्काल ही रेखाचित्र के ऊपरी भाग में ले जाये जाते थे, जबकि दूसरे, तीखे सिन्दूरी पंखी दुम के साथ मैदान की सतह में रेंगते कूदने को तैयार थे। ये संघटित प्राणी, उसने ज़ोर से और एकरसता से गाया, मादा प्राणी थे।

मैं उसके सामने बैठी सुनती। मेरे पास करने को और कुछ ख़ास नहीं था। हूगो के हाथों से एक के बाद दूसरा काग़ज़ गुज़रता जाता था। पीले सफ़ेद के झुण्ड पूरे रसोईघर में उड़ते रहते, केक और पेस्ट्री के ब्यौरों के पीछे, फिर तैरते फ़र्श की ओर। अपने छोटे होने के बावजूद, ये प्राणी भयानक थे, उसने गाया, क्योंकि इन्हें पालतू बनाना असम्भव था।

मैं उसके सामने बैठी सुनती।

उसके बहुत से चित्र इन दो [illegible] प्राणियों का लड़ाइयों से भरे थे, छितरे और पनियल और छोटे संघटित शरीर वाले। कुछ देर बाद मैं जान सकी तीसरी तरह के जानवरों को, लहराते रहस्यपयो मैदान के दृश्यचित्र में। वे किसी प्रकार की छोटी आकृतियाँ थीं, लगभग कुछ नहीं बल्कि बिन्दु और छोटी रेखाएँ, कुछ रेखाएँ अन्तरिक्षी हेलमेट के साथ थीं, वे थे, हूगो ने गाया, बाहरी दुनिया से आये आगन्तुक। वे मैदान या उस बकरी के पीले बालों के बीच बारीक रेखाओं से ले जाये गये थे जो आसमान से आयी थीं।

जब मैं हूगो के झरने को सुन रही थी, मैंने जाना कि छोटी रेखा-सी आकृतियाँ

वास्तव में एक हैं, वह छोटे प्राणी को भिन्न भंगिमाओं में दोहरा रहा था, वह लगातार गति में था और हर घटना पर नज़र रखे था।

वह ख़ुद को एक लम्बी कहानी में शामिल कर रहा था। छोटा प्राणी हूगो था, तेज़ी और हिफाज़त से घूम रहा है, मैदान में हो रही गड़बड़ी और उलझाने वाली घटनाओं के बीच।

काग़ज़ उसके चारों ओर उड़ रहे थे। जब चौखाने ख़त्म होने को आये मुझे अलमारी और बक्सों में खोदना पड़ा उसकी आपूर्ति के लिए, अन्यथा वह बिफर जाता और बिगड़ने लगता। वह अपने भीतर बहती समस्त गन्धों, स्वप्नों और स्मृतियों को पकड़ने की जल्दी में था।

हम हफ़्तों तक उस गुलाबकली मोमजामे पर बैठे रहते। हूगो और मैं, सीरि के जाने के बाद, और पिता बदले हुए रास्तों पर हमारी पहुँच से बाहर थे। कई बार मैंने सोचा मेरा भाई वास्तव में किसी दूर सितारे से आया हुआ आगन्तुक है।

अच्छा होता यदि वह पैदा नहीं हुआ होता।

यही सीरि ने एक बार हूगो के बारे में कहा था, जब सलवटों से भरा और नवजात, वह उसके स्तनों पर लेटा था, उसे चूसता हुआ। सदैव की भाँति अत्यन्त चौकस, उसकी अजीब हरी-सी भूरी आँखें बिना सफ़ेद के–ऐसा लगता था मानों वे उसकी चमड़ी पर चिपकी हों–सीरि को एकटक देखते हुए।

निश्चित ही सीरि ने जो कहा उसका आशय कुछ दूसरा था। वे इसी तरह अपने को व्यक्त करते हैं, निश्चित ही सीरि हूगो को पागलों की तरह चाहती थी, उस पर चुम्बनों की बरसात कर देती, उसके बारे में शेखी बघारती। जबकि मैं ग़लती से आयी थी। हूगो को चाहा गया था।

वह हूगो के लिए बावली थी। किन्तु मुझे ठीक याद है जो उसने कहा था।

मैं ध्यान रखती **थी इन शब्दों** को हूगो को दोहराने के लिए जब वह बड़ा हो जायेगा, इन्हें समझ सकने के लिए और फिर जब सीरि जा चुकी होगी।

मैंने देखा किस तरह शब्द उसमें सीधे उतर जाते हैं, चुपचाप और गहराई में, उन अन्य बातों की तरह जो तुम हूगो से कहते हो।

वह जवाब नहीं देता। कभी नहीं देता। कुछ सफ़ेद उसकी आँखों में डूबता-उतराता है, मछली के काँटे में बँधे कार्क की तरह, मैंने ख़ुश और सन्तुष्ट महसूस किया।

मैंने बाकी सब भी उसे जल्दी ही बता, दिया कि सीरि उसे बेइन्तहा प्यार करती है। कि वह ख़ुशी से फूली नहीं समाती, कि वह एक लड़का था। उसे गहराई से प्यार किया जाता। किन्तु जब उसके विचार कहीं और लगे होते दिखते, जो मैं कहती, उसमें उतरता नहीं; वह बिना रुके उसकी आँखों में तैरता रहता।

यदि वह पहली बात की ओर ध्यान देता जो मैं उसे बार-बार कहती, तब बाकी सब भी वह समय पाकर शायद समझ लेता, ऐसा मैं सोचती थी। मैं अपने कहे से ख़ुश और सन्तुष्ट थी क्योंकि मैं चाहती थी हूगो इस बात को समझ जाये कि वयस्क लोग किस तरह का प्रेम करते हैं।

यह विशिष्ट होता है।

यह कभी-कभी आश्चर्यजनक ढंग से हमसे कुछ अपेक्षाएँ रखता था।

हम उनका काम करने वाले मुण्डू थे, उनकी घोंघा स्पर्शेन्द्रियाँ। हम उनकी भाषा थे। मेरा ख़्याल है यह एकदम सटीक वर्णन है, हमारे बिना उनका गुज़ारा मुश्किल है। वे अजीब से कीचड़ और दलदल में गुम हो जाते हैं, तुम्हारे और मेरे बीच या मेरे और तुम्हारे बीच के भेद बताने योग्य नहीं रहते। जैसे ही वे एक-दूसरे की तरफ़ बढ़ते, एक दूसरे में गुँथ जाते। फिर, जब वे एक-दूसरे से मुक्त होना चाहते, फिर से वे निर्दयता से धागों को झटका देते और हमारा इस्तेमाल करने में भी हिचकते नहीं।

मैं उन दिनों की प्रतीक्षा नहीं कर रही हूँ जब उनकी तरह के घाल-मेल में

मुझे रहना होगा। मैं अपनी स्पष्टता में रहना चाहती हूँ जब तक सम्भव हो।

मैं चाहती हूँ हूगो यह जान ले।

हूगो ने मुझे देखा, उसकी पलकें फड़क रही थीं, और वह अपने को मुझसे रगड़ रहा था। मैं उसके नज़दीक बिस्तर में लेटी थी, क्योंकि उसके दिमाग़ में यह बात बैठ गयी थी कि यदि वह ऐसा नहीं करेगा तो सो नहीं सकेगा, सीरि के ग़ायब होने के बाद। मैं उसे वह सिखाना चाहती थी जो मैं समझ चुकी थी।

वह कोमल और गर्म था, मुझसे चिपककर लेटा था अपना मुँह मेरे कन्धे से लगाकर। बाहर अँधेरा फैल रहा था। वह सो गया था, उसके बाल तकिये के बरक्स चमक रहे थे, उसके गाल गोल और मुलायम थे। मैं ख़ुश थी वह था, अचानक मैं इसलिए ख़ुश थी।

एक रात मैंने एक किले का स्वप्न देखा जो गुलाबी पत्थरों का बना है, शिखर और मीनारें और बालकनी, आले और अलंकार, छोटी मुड़ी हुई छतें या पत्थरों के पँख, बहुत-सी खिड़कियों के ऊपर। वे पँखों से दीखते थे जैसे कि खिड़कियाँ अचानक पक्षियों के झुण्ड की तरह उड़ जायेंगी।

किले की एक के बाद दूसरी कई मंज़िलें हैं, बीच में क्रीम की परतें, जैसे कि वह केक हो, और विचित्र दरवाज़े और घुमावदार सीढ़ियाँ। मुझे एहसास हुआ कि वह शहर का वही होटल था जहाँ अदेल काम करती थी। वह एक बार मेरे सपने में आयी थी, मुझे हाथ हिलाकर अभिवादन कर रही थी पँखों वाली आसमान की ऊँचाई में टिकी खिड़की से।

जब मैं जागी, मैंने सोचा वह निश्चित ही मुझसे कुछ कहना चाहती है। मैंने हूगो से कहा मेरे लौट आने तक वह घर में ही रहे, बेहतर होगा सिर्फ़ बिस्तर में,

ताकि वह गुम न जाये।

फिर मैं सायकिल से होटल की ओर चली।

मुझे होटल के पिछवाड़े प्रवेश-द्वार पर बहुत देर तक इन्तज़ार करना पड़ा, जहाँ मैं अदेल के साथ एक बार गयी थी। एकबारगी तो यह ख़्याल आया कि शायद उसने नौकरी छोड़ दी हो और स्टॉकहोम वापस चली गयी हो, जहाँ वह रहती थी। किन्तु तभी वह आयी, बिना आस्तीन के नीली, फूलों वाली पोशाक में, जिसके किनारों पर लेस लगी थी। वह बिना एड़ी के सपाट नीले जूते पहने थी। उसका मुँह हमेशा की तरह लाल था।

मुझे देख वह प्रसन्न हुई।

उस दिन काफ़ी तेज हवाएँ चल रही थीं, हल्की फुहारों के साथ। किन्तु अदेल और मैं लिल्येग्रेन के भोजनालय तक पैदल चलकर आये, जहाँ वे लोग मेज़ें बाहर भी लगाते थे। हम लोग एक गोल मेज़ पर बैठ गये, ताल के नज़दीक और सुनहरी मछलियों के साथ—वे दादी के दिनों में भी वहाँ थीं। हमारे इर्द-गिर्द दूसरे लोग भी थे।

हमने डेनिश पेस्ट्री और शरबत लिये थे। अदेल ने भुगतान किया। उसने लामेक को शहर के रजिस्टर द्वारा ढूँढ़ लिया था। वह उसे याद नहीं था, वास्तव में जब वह छोटी थी तब मुश्किल से किसी पिता का ज़िक्र सुना था। उसकी माँ ने सोचा लामेक को ढूँढ़ने का विचार बेतुका है। वह बहुत पहले लामेक से ऊब चुकी थी और अब उसे लगभग भूल चुकी थी।

अदेल मुझ पर हँसी, उसका चेहरा तीखे कोणों वाला, ज़र्द चेहरे पर उसकी वे बहुत नीली आँखें मुझे पसन्द आयीं। वह दूसरे बड़े लोगों की तरह नहीं थी, उसके नाक-नक़्श साफ़ और तीखे थे। मैं उसकी तरह होना चाहती थी।

जब मैंने बतलाया कि सीरि जा चुकी है, अपनी कोहनियाँ टेबल पर टिकाये वह सुन रही थी। वह सिग्रेट पी रही थी, माचिस की तीलियों से छितरायी हुई किरणों वाला सूर्य बना रही थी, छलके हुए शर्बत के छोटे से ताल में।

उसने अपने एक हाथ पर सिर टिकाया और कुछ देर के लिए विचार-मग्न

दिखायी दी, फिर उसने अपनी सिग्रेट बजरी में डाल दी। उसने कहा कि सीरि लौट आयेगी, माँएँ ऐसी ही होती हैं।

मैं ख़ुश हुई। मैं चाहती थी कोई यह कहे।

मैंने नहीं बतलाया कि पिता ने उसका ज़िक्र कभी नहीं किया। इसका कोई कारण न था और वह शायद व्यथित हो सकती है। वह उनसे मिल चुकी है। उन्होंने उसे केक दिया था, पूरा फ़ॉलक्रान्स। वह सीवान के साथ उसे खा चुकी थी, जो ख़ुद भी होटल में सफ़ाई का काम करता था, और किसी फ्रिट्स के साथ, एक जर्मन जो यात्री-सामान घर में काम करता था।

थोड़ी बारिश हुई थी। हम लोगों ने लिल्येग्रेन के बगीचे में बड़े से नीबू के पेड़ के नीचे शरण ली, हम एक-दूसरे के नज़दीक खड़े थे और हमारे बीच बारिश और हरियाली की सौंधी गन्ध थी। मुझे वह अच्छी लगी।

सीरि के ग़ायब होने से पहले, वे उसे दो बार वापस ले आये थे। मुझे पहली बार का मुश्किल से याद है क्योंकि तब मैं बहुत छोटी थी। दूसरी बार जब वह सो नहीं पा रही थी।

रात में जैसे ही वह बिस्तर पर जाती, वह कूद कर वापस उतर जाती। ऐसा लगता था मानों उसने एक विरल जाग्रति अपने भीतर पा ली हो। दादी का इन्तकाल हुआ ही था। पिता और सीरि उसके बारे में लड़ते थे, यह वह समय था जब पिता का सोचना था कि सीरि ने बाहर ज़ंग लगी कील रखी थी, ताकि दादी का पैर उस पर पड़ जाये।

सीरि चिल्लायी कि वह अपनी माँ की जी भर कर ले सकता है। यह भद्दा था। पिता पलटकर चीखे कि सीरि मानसिक रूप से बीमार है पहले ही क्षण से। किन्तु फिर उन्होंने अपनी बात वापस ले ली और माफ़ी माँगी। अपने मतभेद सुलझा लिये और लड़ाई बन्द की, हम तब प्रसन्न थे।

उसके बाद, जल्दी ही, उस जाग्रति ने दुर्भाग्य से सीरि पर स्थायी पकड़ बना ली थी। उसे पूरा करने के लिए नींद काफ़ी नहीं थी, उसने कहा। जैसे ही वह बिस्तर में धीरे से सरकती और नींद में जाने को होती वह प्रकट हो जाती, बड़ी और फिसलन भरी और चमकदार। पिता उसे अपनी उदार आवाज़ में सो जाने को कहते। भगवान के लिए।

सीरि तमाम कोशिशें करती। वह अपने को सोने के लिए तैयार करती, अपने दाँत साफ़ करती, धोती और जम्हाई लेती और चालाकी से अनिद्रा को मात देने की कोशिश करती। वे सब बिस्तर पर जाते समय बत्तियाँ बुझा देते। किन्तु जैसे ही वह लेटती, वह बिस्तर में उसी से भिड़ जाती।

वह कहती थी वह एक चमकीली मछली की तरह है जिसे वह ग़लती से निगल गयी थी। उसकी हिम्मत नहीं होती थी उस मछली को भीतर लिये सो जाने की। वह बड़बड़ाती हुई बिस्तर से बाहर आ जाती, अत्यधिक सावधानी बरतते हुए कि पिता जग न जायें, क्योंकि उन्हें सुबह काम पर जाने के लिए जल्दी उठना है, और सोने के कमरे का दरवाज़ा जितना कर सकती थी उतना धीमे से बन्द करती।

फिर वह रसोईघर में थी, खुद से बातें करती, बुदबुदाती। पिता ने उसे सुना और बुलाया कि वह बिस्तर पर आ जाये, अब आ भी जाओ सीरि। फिर वह शान्त हो जाती।

कुछ समय बाद वह सब भूल जाती और ख़ुद से फिर बुदबुदाना शुरू कर देती। उसे बहुत कुछ करना था। उसने देखा कि उसने झाड़ू नहीं लगायी और कि परदों को छोटा किये जाने की ज़रूरत है, कि उसने बहुत दिनों से भगौनों को माँजा नहीं है। उसे काटने के लिए कपड़ा मिल गया, पैबन्द बनाने का, या वह अलमारी साफ़ करने लगती।

कभी-कभी मैं उठ जाती थी और उस तक चली जाती। वह मृदु और दोस्ताना ढंग से पेश आती, शायद थोड़ी-सी अनमनी। उसने एक बार आधी रात में पकाना शुरू कर दिया, आटा नापना, थपथपाकर मक्खन रखना और दूध के लिए उसमें गड्ढा

बनाना, यह सब।

किन्तु तभी उसे अटारी पर रखी कुछ तसवीरों की याद आ गयी। जब मैं भीतर आयी, वे दूध के ऊपर तैर रही थीं और चिपचिपी थीं—वह लैम्प के नीचे बैठी और बक्से में कुछ और तसवीरें ढूँढ़ने लगी।

'ओह!' यही उसने कहा था जब मैंने उसे बतलाया।

हमने सफ़ाई की और उसने मुझे अपनी युवावस्था की कुछ तसवीरें दिखलायीं, बार्ब्रो और अन्य लड़कियाँ जो लैम्पशेड बनाती थीं, प्रेम में मैं थी, पिता और सीरि के साथ पार्क में, और एक उसकी माँ का चित्र था, कारेलिया में।

सीरि की अनिद्रा के अनेकों संकेत सुबह रसोईघर में मिलते, ज़्यादातर आधे छोड़े हुए और अधूरे और क्रमभंग, रेज़र ब्लेड अभी-भी कपड़े की सीवन में है जो उसने काटना शुरू किया था। आप कैंची पर फिसलते हैं, जो उसने अख़बारों से कतरनें काटने के लिए इस्तेमाल की थी, और धोनेवाले कपड़े जो उसने चूल्हे पर उबालने के लिए रखे थे बिना पानी के, अजीब से गन्धाते हुए।

किन्तु असली बात यही नहीं थी। वह दोस्ताना थी और मृदु, थोड़ी बनावटी, बस, सब ऐसा जैसा कि होना चाहिए था। मुझे उसका रसोई में बुदबुदाना सुनना अच्छा लगता था। उस आवाज़ से जागना सुकून देने वाला था। जब मैं रसोई में उसके पास जाती, हमें मज़ा आता।

पिता कोशिश करते कि उसे नींद आ सके, किन्तु वह सीरि की चमकदार अनिद्रा का कुछ नहीं कर पाते। कोई भी नहीं।

वह रात को नहीं सो पाती थी, न ही दिन में। वह बिना रुके हर वक्त बात करती थी, सिर्फ़ घर में ही नहीं बल्कि दुकानों में और आस-पास घरों में। यही वह वक्त था जब अपनी डेस्क से इन्गेबोर्ग पीछे मुड़ी और मुझसे बोली कि सीरि पागल थी।

किन्तु वह नहीं थी, वह सिर्फ़ जगी हुई थी।

उसका चेहरा थकान से धूसर हो गया था। सीरि, माई डियर, पिता कहते, उनकी आवाज़ अस्पष्ट और चिन्ताग्रस्त होती। किन्तु सीरि सो न सकी। शायद उसकी हिम्मत न थी। वह उस मछली से भयभीत थी।

यह सर्दियों का समय था, बर्फ़ और सिर्फ़ हिम। एक दिन सीरि के सिर पर भूत सवार हो गया कि उसे बाहर अहाते में लगे पम्प से पानी भरकर लाना है। पिता घर में पानी लाया करते थे जब तक दादी ज़िन्दा थी, किन्तु लगता था वह भूल गयी थी।

वह ठोकर खा गयी और पम्प के हैण्डल पर सर टकरा गया। फिर वह चकित-सी नीचे बैठ गयी, उसके माथे पर बड़ा-सा गुमड़ा उभर आया और थोड़ा ख़ून भी बहा। किन्तु वह सिर्फ़ हँसी।

पिता ने कहा उसे अपनी अनिद्रा के लिए अस्पताल ज़रूर जाना चाहिये। सीरि नहीं सुनती। रसोई में से उसने अपने हाथ हिलाए और डॉक्टर के मूर्खतापूर्ण प्रश्नों की नकल उतारी, चुभते हुए उत्तर दिये, जैसे आप अपने दाँत सेब काटने के लिए गढ़ाते हैं। वह हास्यास्पद थी और हम सब हँसे थे, किन्तु वह पूरी नींद न मिल पाने के कारण पीली पड़ी हुई थी।

पिता ने कहा, श्रीमती फ़ॉलक्रान्स के पति से कुछ नींद की गोलियाँ ला देंगे ताकि वह कुछ नींद ले सके, डॉ. योनसोन से, जो गंजे कोबरा की तरह दिखता था।

सीरि किसी भी हालत में यह नहीं चाहती थी। वह लगभग उस मछली से निपट चुकी है, उसने कहा। यदि वह नींद की गोलियाँ लेने लगी, वह मछली से बेख़बर हो जायेगी, और वह वहीं बनी रहेगी, उसके भीतर नशे में धुत्त, और फिर से हरक़त में आ जायेगी। और वह हँसी।

यह एक टूटी-सी सूखी हँसी थी, छोटी मरी हुई टहनियों के टूटने की आवाज़ की तरह, जब आप झाड़-झंखाड़ के ढेर पर कूदते हैं। यही सब था जो बाकी बचा था सीरि की उजली हँसी का, उसकी लम्बी अनिद्रा के बाद।

फिर पिता ने अपनी आवाज़ उठायी और गाली बकने लगे।

यह इतना अप्रत्यशित था कि हूगो ने मेरे कीड़ों के संग्रह को दहलीज पर गिरा दिया था, मेरे सूखे भौंरे और पतंगे चारों तरफ़ बिखरे पड़े थे—हूगो इस क़दर हैरान था, वैसे ही मैं भी, पिता यूँ कभी गालियाँ नहीं बकते थे। उनके और सीरि के बीच कहा-सुनी बन्द हो गयी। सब कुछ वास्तव में अच्छा था, सिर्फ़ सीरि के भीतर मछली के सिवाय।

सन्नाटा छा गया था, सीरि भी बिलकुल शान्त हो गयी थी।

वह गुलाबकली मोमजामे पर बैठी थी, अपना सिर हिलाती। बाहर अँधेरा था और ठण्ड। वह दयनीय दिखायी दे रही थी। वैसे ही पिता भी, उसके सामने बैठे, उतरा हुआ चेहरा और निंदासे से। सीरि की आँखें धीमे-धीमे आँसुओं से भर रही थीं।

वह शाम का समय था। उनकी छायाएँ खिड़कियों के शीशे पर देखी जा सकती थीं। हूगो और मैं ये छायाएँ हमारे कमरे की देहरी से देख सकते थे। लगता था सीरि और पिता वहाँ कैद हो गये हैं, खिड़की के शीशों में एक-दूसरे के सामने।

रसोई के भीतर मेज़ पर बात कुछ और थी—शायद उनकी छायाएँ, या उनकी स्मृतियाँ, या लोग जो पानी में भीतर गहरे डूब गये हैं समुद्री-घास और शैवाल के साथ, सिर्फ़ कभी-कभी किसी ख़ास रोशनी में चमक उठते हैं।

सीरि ने पिता से वायदा किया, शान्ति से और उस टूटी-सी आवाज़ में, कि वह तत्काल ही बिस्तर पर जायेगी और सारी रात सोयेगी और सुबह होने तक नहीं उठेगी। उसके बाद वह ठीक हो जायेगी, जैसी वह हुआ करती थी। वह जानती थी यह तरक़ीब तभी काम करेगी जब तक वह नींद की गोलियाँ नहीं लेती।

मुझे खिड़की के शीशों में उनकी छायाएँ याद हैं, किन्तु वे नहीं।

और सीरि की आवाज़ जब उसने सो जाने का वायदा किया था।

किन्तु इससे बात नहीं बनी। अनिद्रा उसके भीतर थी, अब एक चमकती तेज़ तलवार की तरह।

जब वह बिस्तर पर लेटती, भीतर वह चीर देती और सीरि ख़ून-ख़ून हो जाती, वह मुश्किल से बिस्तर में जा पाती कि वह फिर से उठ बैठती, टटोलती और रसोई में चारों तरफ ढूँढ़ती, ठोकर खाती, बुदबुदाती।

उनके सोने के कमरे का दरवाज़ा आधा खुला था और पिता बिस्तर के पाट पर बैठे अपना सिर हाथों में पकड़े थे। शायद उसी क्षण उन्होंने तय किया था।

वे सीरि को अगले दिन लेने आये, उनमें से दो सफ़ेद कोट में, अपारदर्शी काली आँखों वाले। यह दोपहर का वक्त था और पिता वहाँ नहीं थे। वे अपने साथ एक प्रमाण-पत्र लाये थे और उस पर पिता के हस्ताक्षर थे।

'कृपया, इनसे कह दो, मैं पागल नहीं हूँ,' सीरि ने बाहर अहाते में साफ़ दृढ़ आवाज में कहा।

मैं बस अभी पहुँची ही थी, दरवाज़े पर अपनी सायकिल लिए खड़ी थीं। मैंने कहा भी, फिर भी वे उसे ले गये।

थोड़ी देर बाद श्रीमती एण्डर्सन हूगो को लेने आ गयी, यानी पिता ने उनसे भी बात की होगी।

सीरि ठीक थी। वह पागल न थी। हममें से किसी ने भी ऐसा सोचा न था, न ही पिता ने। वह सिर्फ़ जगी हुई थी, एक असामान्य ढँग से। वह गुस्से में न थी, जैसे कि वह तब थी जब दादी जीवित थी। वह उदार और दोस्ताना थी, थोड़ी-सी भुलक्कड़ और शायद थोड़ी अन्यमनस्क।

किन्तु वे उसे ले गये जलमीनार के पास पागलखाने में जहाँ डॉ. योनसोन काम करते थे, उस लाल ईंटों वाली इमारत के बाद वाली इमारत में जहाँ वे कुत्तों को प्रयोग के लिए रखते थे। उन्होंने उसे पट्टों से बाँधा और उसके सिर में बिजली के झटके दिये। उसे जबरदस्ती गोलियाँ खिलायीं जिसके कारण वह गलियारों में, स्तब्ध नींद में, हफ़्तों चलती रही। उसके लिए अपनी माँ को याद रखना तक कठिन था।

मुझे नहीं लगता कि पिता को इस बात का अनुमान था। मैं सोचती हूँ वह दुखी और थोड़ा-सा लज्जित थे। यह हो जाने देने के लिए सीरि ने कभी उन्हें माफ़ नहीं किया।

सीरि की अनिद्रा का क्या कारण था, यह कहना मुश्किल था। किन्तु याद रखना चाहिए कि सीरि वह व्यक्ति थी जो हर बात जानती थी, साथ ही साथ वे बातें भी जिनके बारे में उसको कोई भनक तक न थी।

आठवाँ अध्याय

अदेल पिता से मिली, जैसा वह चाहती थी।

यह गुज़रती हुई गर्मियाँ थीं और उसे घर की याद सता रही थी। वह होटल से ऊब चुकी थी और स्टॉकहोम के नालेन-नृत्य गृह में नृत्य के लिए जाना चाहती थी, जहाँ वह रहती थी।

मैं उसकी आदी हो चुकी थी, उसने मुझे कई बार बन और पेस्ट्री और शरबत पिलाया, एक बार हॉट-डाग भी सागा सिनेमा के पास, और मुझे होटल के भीतर जाने की अनुमति थी, उन कमरों को देखने की जो वह साफ़ करती थी।

किन्तु वह मुझसे और हूगो से मिलने घर नहीं आना चाहती थी। यह उसके लिए ज़रूरी नहीं था। सीरि वहाँ नहीं थी और अक्सर पिता भी बाहर होते थे। हालाँकि सब कह-सुनने के बाद भी अदेल हमारी बहन थी, किन्तु वह नहीं चाहती थी। वह सिर्फ़ कन्धे उचका देती थी।

वह अपने किराये के कमरे में बैठी थी, लिपस्टिक-होल्डर को घुमाती। वह बिल्ली की फीकी गुलाबी ज़बान की तरह बाहर झाँकती दिखायी दे रही थी, फिर ग़ायब हो जाती। अदेल ने कहा लामेक नहीं चाहता कि मैं तुम लोगों से मिलने आऊँ। उसने लिपस्टिक टेबल पर हल्की धमक के साथ रख दी।

वह दुबली और दुर्बल थी, ठीक सीरि की तरह, किन्तु उसके नाक-नक़्श तीखे थे, जैसे छोटे चाकू से तराशे गये हों। उसने रेडियो चालू किया और नृत्य संगीत बजने लगा। उसे सीवान के साथ बगीचे में नृत्य के लिए जाना था।

वह पहले सजना-सँवरना चाहती थी।

अदेल का कमरा, चर्च के पीछे वाले छोटे पीले मकान में था, अटारी में जहाँ एक कतार किराये के कमरों की थी। उसके दरवाज़े पर एक काग़ज़ का टुकड़ा था जिस

पर उसने अपना नाम लिख रखा था। मैं कई बार वहाँ सायकिल से गयी जब मुझे पता चला कि वह फ़ुर्सत में है।

कमरे में एक सँकरे बिस्तर, जिस पर हरे गलीचे का टुकड़ा था, के अलावा कुछ न था, एक मेज़ और एक कुर्सी। अन्दर अँधेरा था, खिड़की एक गहरे आले में थी और बाहरी दीवार पर एक बेल उग रही थी। खिड़की के आले में बैठकर बाहर अहाता देखा जा सकता था।

टेबल पर रखा एक बड़ा-सा आईना था, दीवार से टिका। उसके सामने कंघे और हेयर-पिन और ब्रश और अंजन और बहुत-सी लिपस्टिकें रखी थीं। वहाँ एक हरे रंग के पाउडर का डिब्बा भी था जिस पर कुमुद के फूल चित्रित थे, और अनचाहे बालों के लिए क्रीम और चेस्टनट लोशन और रुई और हायड्रोजन पेरॉक्साइड और नेल-पॉलिश और पोस्टकार्ड, पत्रिकाओं का ढेर और *On the Waterfront* से मार्लन ब्राण्डो का एक चित्र, और अदेल का पीला रेडियो।

जब मैं आयी, वह शीशे के सामने बैठी थी। मैं हरे गलीचे पर लेट गयी।

उसका चेहरा पीला था और धूपताम्र तो बिलकुल नहीं। जब उसने शीशे के पास लगी बत्ती जला दी, उसका चेहरा लगभग उद्दीप्त हो उठा। वह चटकीले गुलाबी रंग का कार्डिगन पहने थी। पीछे बटन वाला। पीछे के बटन ऊपर तक लगे थे। उसका स्कर्ट इतना कसा हुआ था कि चूतड़ की रेखा दिख रही थी।

कोई रेडियो पर गा रहा था 'Count Only Happy Moments'। अदेल मेकअप करती चली गयी, तरह-तरह की बात करते हुए। उसने उन अलग-अलग लड़कों के बारे में मुझे बतलाया जिनके साथ उस पार्क में नृत्य किया करती थी जहाँ सीवान उसे ले गया था। ज़्यादातर तो बेवकूफ़ थे, कुछ दारू कुट्टे। एक बार उससे किसी ने नृत्य के लिए कहा था जिसका शिश्न पूरे दो नृत्यों के दौरान खड़ा रहा, उस लड़के को लगता था यह कमाल की बात थी। मूरख, अदेल बोली।

एक और बार एक था जो पी रहा था और नृत्य के बीच उसने फ़र्श पर उल्टी कर दी—संयोग से वह पहले ही एक कदम पीछे हट चुका था। अदेल चली

आयी। और अब अदेल को उससे कुछ मतलब नहीं रहा। मैं दारू-कुट्टों को सहन नहीं कर सकती, अदेल ने कहा।

मैं भी नहीं, मैंने कहा।

किन्तु कुछ थे जिन्हें वह कुछ-कुछ पसन्द करती थी। उनमें से एक होटल के यात्री-सामान घर में काम करता था—फ्रिट्ज़। उसकी मूँछें थी और वह जर्मन था। उसके साथ कुछ हो सकता था। अदेल कहा। लेकिन फिर उसकी मूँछ है जो उस पर नहीं जँचती। जो भी हो वह अदेल के मिजाज़ का नहीं था।

वह, सीवान और फ्रिट्ज़ बाहर नृत्य करने साथ गये और वे अच्छे दोस्त थे। उसने उन्हें आमन्त्रित किया था पिता के दिये हुए केक में हिस्सा बँटाने को। उन्होंने साथ शराब पी और पूरा केक निगल गये। अदेल आईने में मुझ पर हँसी फिर उसने रेडियो बन्द कर दिया।

अभी तक गर्मी थी, खिड़की खुली थी और नीचे अहाते से एक और रेडियो सुना जा सकता था। उदास संगीत, अकार्डियन पर। खिड़की के चारों ओर उगी बेल थोड़ा सरसराई। मुझे अदेल पसन्द थी, क्योंकि वह जानती थी उसे क्या चाहिए और जो चाहती थी वही करती थी।

मैंने पूछा क्या वह पिता को पसन्द करती थी।

लामेक, अदेल ने कहा। वह अच्छा था। थोड़ा खर-दिमाग, शायद, किन्तु सुन्दर। आईने में उसने मुझे आँख मारी और मुँह बिचकाया। होटल की सभी लड़कियाँ यही सोचती थीं, उसने कहा, और फ्रिट्ज़ भी।

अदेल ने अपनी पलकों पर अंजन लगाया, और इसमें उसे बहुत वक्त लगा। अपने बालों को माथे से हटाने के लिए उसने सर को झटका दिया, अंजन हाथ में पकड़े

हुए—वह एक फीके नीले डिब्बे में था।

उसने डिब्बे में थूका और छोटे ब्रश से अंजन घिसा, फिर अपनी पलकों को ब्रश के सधे स्पर्श से रंगा। उसने अपनी आँख पूरी खोल ली थी और ध्यान नहीं दिया कि उसका मुँह भी उसी समय खुल गया था।

उसके दाँत छोटे और सफ़ेद थे, सामने के दो दाँतों के बीच हल्की-सी जगह थी। उसका खुला मुँह विचित्र दिखता था, जैसे कि वह बेहद हैरान हो। एक बार उसने बतलाया था, कुछ समय पहले, पिता ने उसे एक रेस्तराँ में आमन्त्रित किया था। उन्होंने हर विषय पर बातचीत की, अदेल की माँ के बारे में भी।

खाना बहुत अच्छा था, और वहाँ एक आर्केस्ट्रा था, एक अच्छा टेनर सेक्सॉफोन, एक डांस फ़्लोर जिस पर प्रकाश वृत्त थे। वे नाचते रहे।

लामेक एक अच्छा नर्तक था, अदेल ने कहा, अस्पष्ट और मोटी आवाज़ में क्योंकि वह अपने बिना बन्द किये मुँह से बोल रही थी। उसने अंजन के डिब्बे में थूका और ब्रश डिब्बे में घिसा। 'सफ़ेद कपड़ा और फूल टेबल पर थे,' उसने उसी अस्पष्ट ढंग से बतलाया।

उन दोनों ने लाल शराब का नशा किया और ठहाके लगाये। पिता को उसकी याद थी, किन्तु वह काफ़ी बदल चुकी थी। उसने सफ़ेद कपड़े पर अपना हाथ उसके हाथ पर रखा, और यह चमत्कारिक था। वह पिघल गयी थी।

'मोम या शहद की तरह?' मैंने पूछा।

अदेल ने सिर हिलाया, अपनी पलकों पर छोटे स्पर्श के ब्रश लगाती रही, ताकि वे काले, और काले होते जायें। फिर अन्तिम नृत्य आया, वह गयी और उन्होंने डांस फ्लोर की रोशनियाँ बुझा दीं और आर्केस्ट्रा ने 'Flamingo' बजाया। पिता ने उसे कस कर पकड़ा।

यह अद्‌भुत था।

फिर डांस-फ़्लोर के बीच में उन्होंने उसे चूमा। यह एक विशिष्ट चुम्बन था जैसे कि कोई तुम्हारा पिता हो। किन्तु वास्तव में इतना विशिष्ट भी नहीं, वह इसके

पहले उसके अस्तित्व के बारे में जानती भी नहीं थी।

'उसने अच्छा चूमा था'—अदेल बोली।

नीचे अहाते का रेडियो चुप हो गया था और दूर कहीं से आती आवाज़ें मैं सुन सकती थी और चीनी मिट्टी की खड़खड़ाहट। अदेल ने अंजन ब्रश नीचे किया। उसकी पलकें काली थीं, किन्तु उसकी आँखें हल्की हो उठी थीं और झिलमिला रही थीं। हमारी नज़रें आईने में मिलीं।

मैं नहीं जानती थी क्या कहूँ। मेरे पास शब्दों का अकाल था। अदेल की आँखों में कोई भाव न था; वे सिर्फ़ उजली और साफ़ थीं। मैं हल्का-सा काँपी। मेरी बाँहों के नीचे गलीचा खुरदुरा था। मैंने उससे पूछा क्या पिता ने उसका कमरा देखा है?

अदेल ने सिर हिलाया। वह उसे घर छोड़ने आया। उसने सिग्रेट के लिए अपने बैग की तलाशी ली, उसके बाल मेरे नज़दीक थे। उसने हाल ही में धोये थे और उनमें सुगन्ध अच्छी थी। उसने गहरा कश लिया, गहरी साँस ली, आईने में ख़ुद को देखते हुए। किन्तु फिर वह मेरी तरफ़ मुड़ी। उसने एक हाथ मेरे घुटने पर रखा और कहा अब वह जो कहने जा रही है वह एक राज़ है। मैंने सीधे उसकी तरफ़ देखा और सिर हिलाया।

वह पुनः आईने की ओर मुड़ी और उसने ख़ुद की आँखों में झाँका। सिग्रेट का धुआँ छोटे चमकदार छल्लों के रूप में खिड़की की ओर उड़ रहा था और ग़ायब हो रहा था। मुझे कौतूहल था कि किस प्रकार का भेद वह मुझे बतलाने जा रही है।

'मैं उसे प्यार करती हूँ,' अदेल ने शान्त भाव से कहा।

यह कोई भेद न था—मैं पहले से जानती थी।

बेल की पत्तियाँ धीमे से हिलीं, सरसरायीं। यह एक अजीब क्षण था। अदेल वहाँ बिलकुल शान्ति से बैठी थी। फिर वह हँसी। 'मुझे लगता है, यह पागलपन है,' उसने कहा। किन्तु याद रखना होगा कि उन्होंने एक-दूसरे को सोलह साल तक नहीं देखा था। तब वह दो वर्ष की थी, और अब वह अट्ठारह की थी। और उसने उनकी

एक भी तसवीर नहीं देखी थी। वे अजनबी की तरह थे, तब वे एक-दूसरे को जानने लगे थे। वह हँसी, ख़ुशी से, उसकी आँखें चमक रही थीं। उसने सिग्रेट के टोटे को बुझा दिया। 'मुझे जल्दी ही जाना होगा,' उसने कहा। 'मुझे जाना है'। उसने नहीं बतलाया क्यों और मैंने नहीं पूछा। उसने अंज़न का ब्रश फिर उठा लिया। उसकी पलकें अभी तैयार न थीं।

झुटपुटा घिर आया था। मैं अपनी कोहनियों का सहारा लिये अदेल के हरे गलीचे पर लेटी थी, मुझे भान हुआ कि जो कुछ भी अदेल ने कहा वह सच था, और कहने को कुछ नहीं था। लोग एक-दूसरे की तरफ़ आकर्षित होते हैं और आपको पता नहीं चलता क्यों? नक्षत्रों का खेल।

मैंने सोचा यह लामेक और अदेल की ख़ुशमिजाज़ी है। वे अलग हो चुके थे और किसी अदृश्य ताक़त ने उन्हें फिर से पास ला दिया, अनिवार्य रूप से। आईने के सामने अदेल छोटी और छरहरी थी। जितनी पलकें काली होती जाती थीं आँखें उतनी ही बाहर निकलती आती थीं। उन्होंने जगमगाना और चमकना शुरू कर दिया था, रंग उनमें ग़ायब हो रहा था, फिर वे और ज़्यादा चमकीले पानी की तरह दिखने लगीं, दोनों पुतलियाँ द्वीप की तरह बीच में तैर रही थीं।

अदेल ने अपने को आईने में निहारा। वह सन्तुष्ट थी, ऐसा लगा, किन्तु अभी ख़त्म नहीं हुआ था। उसने फिर से अंजन में थूका और तभी उसकी आँखों के चमकीले पानी में एक छाया फुदकी।

उसने आईने में देखा और जारी रखा। अंजन गाढ़ा हो गया उसकी पलकें दो चमकीली झीलों, जिसमें दो डूबते-उतराते द्वीप हों, के चारों तरफ़ गहरे काले जंगल की तरह थीं। उज्ज्वल आँखें शीशे में जल उठीं, जैसे कि पूरे कमरे में उजाला उन्हीं से है।

मैं समझ गयी पुतली के छोटे काले द्वीप के नीचे कहीं दूर रहस्यमयी कमरे में मेरी बहन अदेल है, छोटी, कठोर और अस्पृश्य।

किन्तु फिर आईने से तेज़ रोशनी चली गयी और अदेल ने अपना चेहरा वहाँ

से हटा लिया। उसकी पलकें पूरी हो चुकी थीं। कमरा आधे अन्धेरे में था और अब उसे जाने की जल्दी थी। मैं अपनी सायकिल लिए लगभग उसके साथ-साथ दौड़ रही थी।

हम लोग चौक में अलग हुए और मैंने उसे दौड़कर जाते हुए देखा। सड़कों की बत्तियाँ जल चुकी थीं और उसके पीछे आधा नीला अँधेरा टिमटिमा रहा था। पन-पत्थर अदेल के पीछे नीली-काली छायाएँ छोड़ रहे थे। वह ओझल हो गयी और शनिवार का शहर ख़ाली और निर्जन नज़र आने लगा।

मैं अपनी सायकिल पर बैठी और घर की तरफ़ चल दी।

जब मैं वृद्धाश्रम के नज़दीक से गुज़री, एक फीकी रोशनी मैदान में जल रही थी, और जैसे ही मैंने रेल की पटरियाँ पार कीं, धुँध छा गयी। वह मैदान की सतह पर पड़ी थी, वह मैदान से पतली धारा के रूप में प्रकट हो रही थी। मेरी सायकिल के पहिये उसे काट रहे थे और उसने रिरियाना शुरू कर दिया था। मैं बेचैन थी। जब मैंने चारों ओर देखा, धुँध सभी दिशाओं से मेरी तरफ़ आ रही थी। उसकी आवाज़ अदेल की खिड़की पर बेल की पत्तियों की सरसराहट-सी थी, किन्तु अब बहुत गुनगुनी नहीं रह गयी थी। कुहासा कूँकिया रहा था, पिनपिना रहा था, और मेरे चारों ओर था। हर बार जब मेरे पैर ज़मीन की तरफ़ जाते, मैं डर जाती मैं पकड़ी जाऊँगी।

कोहरा विलाप कर रहा था, रो रहा था। मैं समझ गयी कि वह मुझसे कुछ चाहता था, मेरे पीछे टोह लगाये था, मुझे खींचे रखना चाहता था। मैंने ख़ुद से कहा यह सब मैंने बना लिया है कि मैं ख़ुद को डरा रही हूँ। किन्तु मुझे स्वयं पर भरोसा न था। वह वहाँ था। उसकी बाँहें थीं और मुँह थे, खुलते, बन्द होते, विलीन हो रहे थे और फिर से आकार ले रहे थे। वह ठिनक रहा था, चिल्ला रहा था और एक पैर हमेशा कोहरे के भीतर अपना रास्ता बना रहा था, दूसरा ऊपर आता, राहत और आतंक में; इस तरह मैं घर तक सायकिल से पहुँची, किसी पागल की तरह।

मैंने सायकिल पहले कभी इतनी तेज़ नहीं चलायी थी, मेरे पैर ऊपर नीचे जा रहे थे, मेरा दिल धड़क रहा था और मैं मुश्किल से साँस ले पा रही थी, कोई

रोशनी की किरण नहीं थी, कुहासे और मेरे सिवाय कुछ न था। और जैसे ही पहिया कोहरा काटता आता था, कुछ मेरे चारों ओर चढ़ आता, और वह भयानक आवाज़ भी, रोने की और विलाप की।

पीला प्रकाश मेरी तरफ़ आया। मैंने ध्यान नहीं दिया। सायकिल अपने आप रुक गयी और मैं हमारे दरवाज़े पर थी, प्रकाश, लैम्प हमारी दीवार पर था।

मैं अहाते में अपनी सायकिल लिए खड़ी थी, अपने दिल की धड़कनों को सुनती; अन्दर तकलीफ़ थी। मैं पिता और हूगो को रसोई की खिड़की से देख सकती थी। वे मेज़ पर, लैम्प के प्रकाश में, एक-दूसरे के सामने बैठे थे, पिता अख़बार पढ़ते हुए, हूगो रेखांकन बनाता। सब कुछ सामान्य था, जैसे वे लोग मेरे आने का और खाना खाने का इन्तज़ार कर रहे थे। सब कुछ वैसा ही था जैसा होना चाहिए था, किसी पागल की तरह मेरे सायकिल चलाने के अलावा, कुछ था जो मेरा पीछा कर रहा था और जिसे मैं जानना नहीं चाहती थी।

सब कुछ सामान्य था, सीरि के अलावा। हम लोग बाद में सीढ़ियों पर बैठे थे और आसमान देखते रहे। पिता, हूगो और मैं। यह शनिवार की रात थी और काफ़ी ठण्डक थी, धुँध छँट चुकी थी और आसमान सितारों से भरा था।

पिता ने अपनी दूरबीन निकाल ली, और आसमान की ओर साधा। हमने झपकती धारियाँ कई बार देखीं, 'एक्सप्लोरर' या 'वेनगार्ड' या स्पूतनिक, कह नहीं सकते थे। और हमने 'सीरिउस' को ढूँढ़ा, कुकुर नक्षत्र को, जो बड़ा और चमकीला है, किन्तु हम ढूँढ़ न सके। अन्तरिक्ष में साल की शुरुआत में एक कुत्ता भेजा गया था। वह मर गया और तारे की धूल हो गया था।

एक चिनगारी की बौछार, *स्पूतनिक* II फट पड़ा और समुद्र में जा गिरा। ठीक 'वर्जिन' द्वीपों के उस पार। हम लोगों ने मेरी एटलस में ढूँढ़ा और पाया कि वे वेस्ट इण्डीज़ के पास हैं और प्लेआदेस की प्रतिकृति की तरह के हैं।

नवाँ अध्याय

जब हम, पिता, सीरि और मैं, यहाँ आये थे, मैं नहीं जानती वास्तव में क्या हुआ था। वह मई का महीना था। मैं अभी-अभी पैदा ही हुई थी। मैं और कुछ नहीं बस एक मुलायम गीला-सा कुछ टोकरी में थी जिसे वे अपने बीच उठाये थे।

पिता ने स्टॉकहोम से एक पोस्टकार्ड दादी को भेजा था—'साँझ के सूरज में राजमहल', काला और सफ़ेद, किनारों पर पीली सलें यह बताने के लिए कि वे आ रहे हैं और कब। सीरि या मेरे बारे में एक शब्द भी नहीं! हूगो और मुझे वह पोस्टकार्ड गाह्न-पाईन नीडल सोप के डिब्बे में मिला, दादी के शेर दाँतों के साथ।

क्या हुआ था? मुलाक़ात कैसे हुई? उसके बारे में क्या सोचा जा सकता था? कि दादी स्टेशन पर सही समय पर थी, शायद उस काले टोप में जिसका ऊपरी हिस्सा सख़्त है और जो अटारी में ही था, हरे गोटे वाला बैग लिए। हाँ, यही ठीक है।

उसने पिता को पिछले आठ सालों से देखा न था। युद्ध चल रहा था और वह उनकी कमी महसूस कर रही थी। उसने निश्चित ही तैयारियाँ की होंगी, खाना पकाया होगा, उदाहरण के लिए, गोश्त का टुकड़ा, क्रीम की चटनी के साथ और सिरके में खीरा, तैयार छिले आलू पानी की भगोनी में, शायद बियर और कुछ तेज़ मदिरा भी।

वह स्टेशन पर काफ़ी पहले ही आ गयी थी, उनका इन्तज़ार करती खड़ी थी, पटरी के दूसरी तरफ के बँटे हुए मकानों से हेग्ग के फूलों की ख़ुशबू फैल रही थी, लोग अपना रास्ता बनाते चल रहे थे और राशन की कॉफ़ी पी रहे थे, पक्षी चहचहा रहे थे और शाम का सूरज चमक रहा था।

वह निश्चित ही उत्सुक और चिन्तित होती। वह इतने वर्षों बाद उन्हें कैसी दिखायी देगी? और पिता? क्या वे अब बड़े हो चुके हैं, खूबसूरत, और सूट पहने? क्या वे दुबले हो गये हैं? किसने उन्हें खिलाया होगा? यह सोचने पर, चिन्ता की

फड़फड़ाहट उसके माथे पर दौड़ गयी।

हर हालत में, वह पहले की सब पुरानी बातें अब तक भूल चुके होंगे। दादी यह सोच रही थी। उसके दिल में एक विस्मयकारी फूल लहरा रहा था, अपेक्षाओं का, क्षति का, आनन्द का, और फिर एक छोटी पँखुड़ी अवसाद की।

और सीरि? वह ट्रेन की सीट पर मुझे छाती से चिपटाये बैठी थी। मुझे अभी-अभी दूध पिलाया गया है और नाम दिया गया है (दादी का), सीरि और पिता में सुलह हो गयी थी और उन्होंने एक-दूसरे से वफ़ादारी और प्रेम का वायदा किया।

और क्या? सीरि के विचार तितलियों की तरह दादी की तरफ़ फड़फड़ा रहे थे। वह एक माँ खो चुकी थी और अब वह दूसरी पाने जा रही थी। उसने कल्पना की थी एक दोस्ताना, मांसल, छोटी बूढ़ी औरत की, एप्रिन पहने।

हर चीज़ युद्ध में नष्ट हो चुकी थी, फट चुकी थी, पुराने दिन और नये, जिनमें हम लोग यात्रा कर रहे थे, उन्हें अलगाने वाली रेखा ख़त्म हो चुकी थी, और चंगी होने को थी। सब ठीक हो जायेगा सीरि ने सोचा।

स्कोने? ट्रेन की खिड़की से स्कोने उसके सामने से गुज़र रहा था। मैदान के सपाट दृश्यचित्र, कोमल हरी पहाड़ियाँ, नीली और भूरी बहती छायाएँ, सरई के वृक्षों की कतारें समुद्र को दौड़तीं और चरते पशु, घोड़े और हँसों के झुण्ड।

पिता? वह सामने की सीट पर टिके बैठे थे, उन्होंने टाँग पर टाँग चढ़ा रखी थी, उनका हैट पास में, और वह गुज़रते हुए परिचित दृश्यों को देख रहे थे। उनकी पीली आँखें कहरुबा की तरह डूबते हुए सूरज में चमक रही थीं। निश्चित ही वे इतने सालों बाद अपनी बूढ़ी माँ से फिर मिलना चाह रहे होंगे।

दादी की ही तरह, वे भी निश्चित ही सोच रहे होंगे कि अतीत भुला दिया जाना चाहिए, कम से कम वह हिस्सा जो उजला और आनन्ददायी न था, क्योंकि पिता के हिस्से ऐसे ही थे। वे और क्या सोच रहे थे? कुछ नहीं। निश्चित ही वहाँ अस्पष्ट और ख़ास, दिल का भारीपन था, कहीं भीतर बहुत गहरे, एक अन्धी कँपकँपी, किरण-मछली की तरह, चट्टान के नीचे बहुत गहरे, नीचे समुद्र में।

दादी के दो चेहरों को सोचते हुए पिता ऐसा ख़्याल कर रहे थे।

सब कुछ बुरा हो यह ज़रूरी न था। हम सब आशा और सद्भावना से भरे थे। एक्सप्रेस ट्रेन ने सीटी दी, अभी भी तेज़ ही थी जंब वह स्टेशन पर धड़धड़ाती हुई आयी, ज़्यादातर डिब्बे दादी को पार कर रहे थे क्योंकि वह प्लेटफ़ॉर्म के एक छोर पर खड़ी इन्तज़ार कर रही थी।

इसलिए वह जल्दी में, लगभग उनके पीछे दौड़ी, इन चिन्ताओं से भरी कि लामेक को पता न हो कि वह लिवाने आयी है और वह दादी को देखे बिना बैरियर पार कर बाहर निकल जाये।

हो सकता था। या ऐसा ही कुछ और।

किन्तु जिस क्षण उसकी नज़रें उससे मिलीं, डूबते सूरज की आखिरी रोशनी में, वे लकड़ी के बेञ्च के पास खड़ा था, चारों तरफ़ देखते। वह वयस्क था और आकर्षक, और हाँ, निश्चित ही वह सूट पहने था।

उसके दिल ने लगभग धड़कना बन्द कर दिया था। वह रोना चाहती थी, किन्तु उसकी आवाज़ ने साथ न दिया। उसने अपने बैग से रूमाल निकाला और अपनी नाक छिनकी, फिर पंजों के बल खड़ी हुई और अपना हरा बैग लहराने लगी।

उसने उसे देखा। वह लकड़ी की बेञ्च के पास खड़ा था, सीधा उसे देखते हुए एक मुस्कान के साथ जो बड़ी, और बड़ी होती जा रही थी। दादी ने गहरी साँस खींची। उसने दोनों बाँहें फैला दीं। अगले ही क्षण वह उसे भर लेगा।

किन्तु यह नहीं हुआ। बजाय इसके, वह झुका और उसने कुछ उठा लिया। सूटकेस? नहीं, एक तरह की डलिया। वे उसे एक हाथ में लिये उसी तरफ़ बढ़े, दूसरे से दादी की तरफ़ कुछ धकेलते हुए, कुछ जो उनकी आँखों के सामने डूबता-उतराता रहा, उजले बाल, कैसी तो भी आँखें, किसी तरह का मुँह जो लाल था, जो भी हो, कुछ लाल जिसके भीतर दाँत थे।

बल्कि लामेक जिसे अपने आगे धकिया रहा था, वह स्त्री थी (सीरि, हमारी माँ), दादी के द्वारा बाँहों में भरने के लिए, लगभग जैसे कि वह इस प्राणी को,दादी के आगोश से बचने के लिए उसके आगे धकेल रहा था। यह कहना कि दादी जड़वत हो गयी थी अतिशयोक्ति नहीं होगी। वह बर्फ़-सी जम गयी थी। वह प्लेटफ़ार्म में

जम गयी थी। वे उसे छुड़ा न सके।

और सीरि?

ठीक उसी क्षण सीरि थक गयी। अभी से उसे कस्बा पसन्द नहीं आ रहा था, यात्रा और उनका घर आना। वह इससे उबर नहीं पायी। थकान या नफ़रत। एक बढ़ती निश्चित्तता कि कुछ हल नहीं निकलेगा। मैं नहीं जानती। वह पँखों वाली चिड़िया की तरह थी, सीरि।

वाक़ई कोई नहीं कह सकता कि वह पिता की ग़लती थी। वे प्लेटफ़ार्म की मुलाक़ात के लिए दोषी नहीं ठहराये जा सकते थे, सिवाय इसके कि वे बिलकुल खुल नहीं पा रहे थे। किन्तु वे स्वभाव से ही इस तरह के थे।

वे दोनों के बीच खड़े थे और खुलासा करते रहे और सफ़ाई देते रहे। यह मानना होगा। सीरि तत्काल समझ गयी--यह दादी थी--एप्रिन पहने एक प्यारी छोटी बुढ़िया तो निश्चित ही नहीं, किन्तु लामेक की माँ। इस बारे में कोई शक नहीं था चाहे जिस ढंग से देखो।

सबसे ख़राब बात तो यह थी कि दादी प्लेटफ़ार्म पर जम गयी थी।

उनके पास जो भी था उन्होंने इस्तेमाल किया, सीरि और पिता, दोनों दिशाओं से प्रयास करते रहे, खींचते और उठाते रहे, ज़ोर लगाकर खींचते और घसीटते रहे। किन्तु दादी जहाँ खड़ी थी वहीं रही। वह उस जगह जम गयी थी।

सीरि ने अपना चेहरा घुमा लिया, अपने होठों को काटते हुए, और पिता ने सम्भवतः दाँत निपोरने की कोशिश की। शायद वह बेञ्च पर भी गिर गये और हँसे। मैं कैसे जान पाती।

जो भी हो, वे मुझे भूल गये थे। सूरज नीचे जा चुका था। मैं पूरी तरह जगी और सचेत थी, पत्थर के प्लेटफ़ॉर्म की ठण्डक टोकरी और गद्दी से गुज़र कर आ रही थी। मैं गीली और भूखी थी। मैंने रिरियाना शुरू कर दिया। उन्होंने मेरी तरफ़ ध्यान न दिया, अपने में तल्लीन, जैसे वे थे।

जब मैं हमारी सामूहिक विवशता के बारे में सोचती हूँ, दुख होता है। यह एक भव्य क्षण होना चाहिए था और ऐसा लगता है कि यह बेतुका हो गया। मुझे लगता है मैंने उसी क्षण जान लिया था।

ईश्वर, तुमने हम पर इस क़दर प्रेम जो बरसाया है।

अन्त में, दादी को भी भान हुआ। वह जागी। उसने कुटिल मुस्कान फेंकी और दोनों को देख सिर हिलाया। कोई आलिंगन नहीं। आगोश नहीं या चुम्बन भी नहीं, वह क्षण गुज़र चुका था। दादी ने अपना बैग अपनी बाँह के बीच दबाया और चल पड़ी, एड़ियाँ खड़खड़ाती, टिकिट बैरियर की तरफ़ अपना प्लेटफ़ार्म टिकिट हाथ में लिये।

लामेक उसके पीछे अपने सूटकेस लिये चल रहा था। अभी से थोड़ा-सा कुबड़ा था और झुका-सा जैसे वो हमेशा दादी का सामना करते वक्त होता था, और उसके पीछे सीरि आयी, मुझे लिए टोकरी में झुलाती। सीरि की आँखें लामेक की झुकी पीठ पर जा टिकीं।

साली कुतिया! सीरि जीवन भर और दादी के मरने के बाद भी बहुत समय तक दादी के लिए यही कहती रही। मैं टोकरी में लेटी थी, और मुँह फाड़े चीख रही थी, ऊपर सीरि का चेहरा देख रही थी, कठोर और दुख से भरा युवा चेहरा।

फिर पीले गन्दे खपरे, सख़्त, ठण्डी रोशनियाँ, धूसर क्रांकीट की छत।

फिर सायकिल। सीरि ने इसके बारे में मुझे बतलाया था। सूर्यास्त हो चुका था, वसन्त की शाम फीकी नीली और ठण्डी थी।

दादी की सायकिल स्टेशन की दीवार से टिकी थी। बिना सायकिल के दादी अकल्पनीय थी। उसने शायद सोचा था, सीरि ने कहा, कि लामेक कैरियर पर सूटकेस लगायेगा, खींच कर घर लायेगा, दादी के साथ चलते हुए, समय के अन्तराल को वे पार कर लेंगे।

किन्तु लामेक ने सलाह दी कि हम सब लोगों को टैक्सी लेना चाहिए। वह पैसे देगा। दादी ने अपना सिर बगैर कुछ कहे इनकार में हिलाया। सीरि ने अपना सिर घुमा लिया। हवा को चाकू से काटा जा सकता था वह इतनी ठोस थी।

लामेक ने अपने हाथ फड़फड़ाये। उसने जो सम्भव था किया। वह चाहता था हम सब एक साथ टैक्सी में चलें, एक-दूसरे की संगत में घर पहुँचें, एक-दूसरे को आपस में परिचित होने का मौका देते हुए और एक परिवार की तरह घुलमिल जाने का। मुझे नहीं लगता कि दादी अपने जीवन में कभी टैक्सी में बैठी भी थी।

लामेक सीरि की चुप्पी की ओट में था। दुर्भाग्य से मेरी भी, मेरे पास अब और रोने की ताकत न थी।

ऐसा था यह। वे निरुपाय थे, लामेक और मैं और सीरि टैक्सी का इन्तज़ार कर रहे थे। फीकी वसन्त की रोशनी और सन्नाटा, शहर की गलियाँ हल्के झुटपुटे में सुनसान थीं।

मैं माहौल हल्का करने के लिए न तो कुछ कह सकती थी और न ही कुछ कर सकती थी। जितनी जल्दी हो सकता था, मैंने बोलना सीखा, ज़्यादातर उनकी सहायता के लिए। हूगो फ़ैसला कर चुका था कि वह कुछ नहीं कहेगा। मैं उसकी तरफ़ से बोलती हूँ। वह जानता है।

अभी टैक्सी कुछ ही दूर चली थी कि हम दादी से आगे निकल गये। वह हमेशा की तरह तेज़ पैडल मार रही थी, नितम्ब ऊपर-नीचे हो रहे थे, उसका सिर ऊँचा था। पिता पीछे मुड़े और हाथ हिलाया—सीरि को यह ख़ास तौर पर याद है, उसके चेहरे की रंगत देखते ही बनती थी, जब उसने मुझे यह सब बताया। दादी ने पलटकर हाथ नहीं हिलाया। वह सीधे सामने देख रही थी।

सीरि ने अपना सिर खिड़की से टिकाया और इस अनजान शहर को देखा,

उसका फीका चेहरा काँच में घुल रहा था। मैं सो गयी, तनाव और भूख से थककर चूर। आखिरी दृश्य जो मैंने टैक्सी में देखा वह था टैक्सी की रोयेंदार छत : धूसर चौखाने, धुँधली छायाएँ।

उसके बाद, मैदान में टैक्सी तेज़ हो गयी थी, अँधेरे का मुख।

सीरि और मेरी बिलकुल पहली यात्रा।

दादी निश्चित ही सब सोच चुकी होगी जब वह मैदान से गुज़रते हुए सायकिल से घर आ रही थी। वह असम्भव नहीं थी। यह मैंने सीरि से कहा था, मैं दादी को सीरि से बेहतर जानती थी।

मूरख, पहियों ने गाया जब वह पैडल मार रही थी। मूरख, मूरख। दादी, पहियों की घर्र-घर्र से निकलती उस छोटी आवाज़ को बिलकुल साफ़ सुन पा रही थी। मूरख, और फिर, मूरख।

इससे ज़्यादा, जब वह सायकिल पर आगे बढ़ रही थी, दादी की इच्छा थी कि काश वह न होती। तो फिर उसका अस्तित्व कहाँ होता? ईश्वर, तुमने जैसे किसी बोरे से इतना प्यार जो ढोल दिया है हम पे। क्यों नहीं एक अकेली छोटी-सी रोशनी की रेखा दी जिसमें वे एक-दूसरे के नज़दीक आ जाते, लामेक और दादी।

काल और अवकाश के परे, मूर्खताओं से बहुत दूर।

जब वो पैडल मार बढ़ रही थी, मूरख, मूरख दादी चाहती रही कि सायकिल सड़क छोड़ ऊपर उठ जाये, हवाओं के बीच उड़ते हुए, ऊँचाई और ऊँचाई पर हवा की तहों में जहाँ लोग इसे सह नहीं सकते और धूल धूसरित हो जाते हैं...तारिकाधूलि, शायद ठण्डे अन्तरिक्ष की ओर बढ़ती हुई और दिव्य शरीरों की ओर तैरती, दूर के दिव्य शरीरों को धारण करते नये तारा-समूह और संयोजन, पृथ्वी से बहुत दूर

इस तरह स्मृति और दर्द से छूटकर, और क्षणिक और गौण से मुक्त होते हुए, संसार की तरफ़ लौटते हैं धड़कती रोशनी की तरह जो लाखों वर्षों की दूरी से आ रही है

देखने को मित्रवत् झिलमिलाते सितारे, किन्तु वास्तव में आत्माएँ।

सब कुछ वही जो मैंने पुस्तकालय में पढ़ा, और जो दादी शायद अख़बारों में 'हमारे समय के साहसिक अन्तरिक्ष के कारनामे' शीर्षक के तहत पढ़ा करती थी।

किन्तु सायकिल ने सड़क नहीं छोड़ी और दादी चलाती गयी। चौक को पीछे छोड़ती, और मछली की दुकान, वृद्धाश्रम, जिसके मैदान पर फीकी पीली रोशनी है, रेल की पटरियों को छोड़ती, जो कहीं नहीं जातीं—वह अपने भीतर सीलन और सड़ाँध महसूस कर रही थी। यह सोचती कि भला क्या गुञ्जाइश थी कि ऐसा न था? मैं दादी को सीरि से बेहतर जानती थी।

जब वह उस सड़क से गुज़री जो पागलखाने को जाती है, वह रुक गयी। आख़िरकार सायकिल चुपा गयी, टाँगें फैलाकर, एक टाँग एक तरफ़, दूसरी सायकिल के दूसरी तरफ़, दादी कुछ देर निश्चल खड़ी थी, फिर उसने अपनी नाक छिनकी और ख़ुद को समेटा।

क्यों उसने एक वयस्क भद्र महिला की तरह व्यवहार नहीं किया था और लड़की का स्वागत? उसने अपना सिर हिलाया और गुस्से से बड़बड़ायी। फिर उसने सावधानी से अपनी सायकिल गड्ढे के किनारे से टिका दी और वसन्त की हल्की घास पर बैठ गयी। वह अपनी पूरी कोशिश करेगी, उसने सोचा।

साँझ की रोशनी दृश्य पर फैली थी, फीकी और तिरछी। दादी ने अपने घुटने खींचें और अपनी बाँहों में ले लिये। एक ठण्डा झोंका उसके नितम्बों के इर्द-गिर्द घूम रहा था। अन्तहीन मैदान उसके चारों ओर बिछा था, निश्चल और शान्त, और उसके पास की झाड़ियों से एक चिड़िया उड़ी अपने भारी पँखों पर।

उसने अपना सिर उठाया और सुना, गड्ढे के उस ओर टीले चमक रहे थे, अँजुरी भर चाँदी, थोड़ी सितारों की रोशनी बाहरी दुनिया से। वह उसी तरह थोड़ी

देर बैठी रही, ख़ुद को संयत करती, दादी। वह देख सकती थी, आसमान और खेतों को बाँटने वाली रेखा घुल रही थी और ग़ायब हो रही थी, वह घिर चुकी थी।

फिर उसने अपनी सायकिल उठायी और चलाकर घर गयी, अन्तिम चरण में वह भोजन के बारे में सोच रही थी। मांस, सॉस और ककड़ी।

किन्तु जब वह घर पहुँची, अँधेरा हो चुका था। वे सोने जा चुके थे, बेशक वे दोनों विज्ञापन-खटिया में घुस चुके थे। लामेक के कमरे का दरवाज़ा बन्द था और एकदम चुप्पी छायी थी।

भौचक्की, दादी रसोई में खड़ी थी। क्या वह उन्हें उठाये, भोजन के लिए? उसने मांस की अलमारी का दरवाज़ा खोला और बन्द कर दिया। अन्त में, वह एक कुर्सी में धँस गयी, अपनी टोपी उतारी और टेबल पर रख दी।

फिर ठीक उसी क्षण मैं रिरियाने लगी।

दादी रुक गयी, उसके दिमाग़ में बिखरे ख़्यालात एकाग्र होने लगे, उस प्रायः उपेक्षित वस्तु पर जो डलिया में धरी थी। सहज बोध, उल्का की तरह टकराया : एक बच्चा। उसकी पोती। मैं नींद में फिर कुनमुनायी! दादी को अचानक एक हल सूझा। उसी क्षण उसने मेरे प्रति गहन और अबूझ प्रेम को धार लिया, मैं दादी की हो चुकी थी इससे पहले कि सीरि उसे दे देती मुझे।

जिस दिन अदेल गयी, बारिश हुई थी।

बिना हवा के और सीलन से भरी, बारिश सुबह-सुबह किसी भीगे पर्दे की तरह आसमान से लटक चुकी थी, भारी, छिद्रित भीगी, नमी की गाढ़ी हरी परतें। बारिश से ज़्यादा हवा ही गीली काई से ढँक गयी लगती थी।

सारी आवाज़ें दब गयी थीं और खाद की गन्ध खेतों पर मँडरा रही थी। पतझड़

आ चुका था।

मैं उसे अलविदा कहने ट्रेन पर जा रही थी।

शाम ढल चुकी थी, स्टॉकहोम के लिए रात की गाड़ी थी।

वह स्टेशन के अँधियाये रास्ते में इन्तज़ार कर रही थी, पीली खपरैल की दीवार के पास, उसके ऊपर एक बल्ब तार के पिंजरे में था, और वह बुझा हुआ था। एक फूलता हुआ सूटकेस और बैग, टूटी हुई ज़िप के साथ उसके पास था। वह छोटी और दुबली थी।

उसने अपना डफ़ल कोट हाथ में ले रखा था और जीन पहने थी, पट्टीदार सूती कमीज़ और बिना एड़ी के जूते। उसके बाल पोनी-टेल में थे और ठीक वैसे ही थे जब मैंने उसे पहली बार देखा था, उसका चेहरा फीका था, पानी के भीतर एक चेहरा, उसका मुँह एक लाल घाव, उसकी आँखें पीलेपन में चमकती नीली।

उसका चेहरा दमक उठा जब उसने मुझे देखा, एक छोटी लालटेन गन्दी पीली टाइल पर अपना प्रकाश फेंकती हुई।

मैं कुछ समय से उसे मिली न थी। हम दोनों उसका सूटकेस उठाकर, प्लेटफ़ार्म तक ले गये। नीली पोशाक का एक टुकड़ा ढक्कन से बाहर झाँकता दिख रहा था। हम लोग पटरियों के उस पार से आती अदृश्य चिड़िया की आवाज़ सुन सकते थे। अब अँधेरा था और कोई दिख नहीं रहा था।

हम प्लेटफ़ॉर्म पर खड़े थे, गहरे हरे रंग की बारिश हमारे दोनों तरफ़ भी हो रही थी और छत से टपक रही थी, एक तीखी गन्ध रेल की पटरियों से आ रही थी। स्टेशन की घड़ी के काँटे हल्के झटके के साथ आगे बढ़ते थे, उसके ऊपर का काँच धुँधला-सा हो गया था। स्टेशन-मास्टर बगल में आया और उसने अपनी तर्जनी से टोपी के शिखर की ओर इशारा किया। उसका लपेटा हुआ लाल झण्डा बगल में दबा था।

फिर सिर्फ़ मैं और अदेल थे।

उसने अपने हाथ पैण्ट की जेब में डाल दिये और प्लेटफ़ार्म पर पड़े एक पत्थर को ठोकर मारी, उसके बाल गीले और छितरे थे। मुझे कहने को कुछ सूझा नहीं। अब हमारे पास पाँच मिनिट बचे थे। अदेल बेरियर और बाहरी द्वार की ओर देख रही थी—वह लामेक का इन्तज़ार कर रही थी। कुछ भी हो, वह बोली, उसने वायदा किया है किसी भी तरह अलविदा कहने आयेगा।

मैंने लामेक के बारे में सोचा यह ध्यान रखते हुए कि मैं अदेल को जानती हूँ, और यह कि वह उस धूसरपन से झटके से बाहर आ जायेगी जिसे लोग जानना नहीं चाहते, जिसे नाम देना नहीं चाहते और जो उसके चले जाने के बावजूद भी हमारे साथ बना रहेगा। मैंने चाहा कि ऐसा ही हो। अदेल ने बैरियर के पार देखा, जहाँ से वह दूर रास्ते तक देख सकती थी।

हम लोग हरी बेञ्च पर बैठ गये थे, अदेल ने अपने डफ़ल कोट से पहले उसे पोंछा। उसे अपनी जीन की पिछली जेब में सिग्रेट मिल गयी थी ओर पैकेट भीग गया था। उसने मुझे दी और मैंने एक ले ली, किन्तु मुझे स्वाद पसन्द नहीं आया। माचिस की लौ में उसका चेहरा दीप्त हो उठा, तीखे कोने उसके मुँह के, और वे पतले नासिका छिद्र।

अदेल मेरी तरफ़ देखकर मुस्करायी और उसने धुआँ मेरे मुँह पर छोड़ा।

मैंने वापस उस पर धुआँ छोड़ा।

वह हँसी। उसने मुझे अपनी बाँह में ले लिया। उसकी पकड़ मेरी गर्दन पर थी। अचानक उसने अपनी नाक मेरे गीले बालों में घुसा दी। मैं लगभग निश्चल बैठी थी। अदेल ने पहले यह कभी नहीं किया था। मेरे मुँह की सिग्रेट भी सीली थी, तम्बाखू का कड़वा स्वाद मेरे होठों पर था, हल्का-सा चुभता हुआ।

मैं उसे पसन्द करती थी। मैंने कभी नहीं सोचा था कि उस जैसा कोई हो सकता है।

वह वैसी ही थी जैसी मैं होना चाहती थी, छोटी, सख़्त और सूखी। यदि उसे कुछ ठीक नहीं लगता वह चली जाती। वह फल की गुठली की तरह थी। वह थोड़ी देर तक मेरे बालों में अपना सिर रखे बैठी रही और मैं उसकी नाक की नोक अपनी

गर्दन पर महसूस कर सकती थी।

फिर ट्रेन आ गयी।

वह बड़ी और अँधेरी थी, खिड़कियों से निकलती धुँधली पीली रोशनी प्लेटफ़ॉर्म पर उजाला फैलाती आ रही थी। हम लोगों ने फूलता सूटकेस उठा लिया था। अदेल, दरवाज़े के रास्ते में अपना डफ़ल कोट हाथ में लिये, पीली मद्धिम रोशनी से घिरी खड़ी थी।

उसके हाथ उसकी जेबों में थे और कन्धे सिकुड़े हुए। उसने बैरियर के पार देखना बन्द कर दिया था। लामेक नहीं आया था। वह सीधे मेरे चेहरे को देख रही थी। उसका सिर एक तरफ़ था। वह अपनी एड़ियों पर झूल रही थी। गार्ड पास आया और वह जैसे ही उसका दरवाज़ा बन्द करने को था, वह पंजों पर खड़ी हुई और उसने कुछ कहा, मैं सुन न सकी क्या। दरवाज़ा बन्द हुआ और गूँजा।

ट्रेन चल पड़ी। मैं साथ-साथ चली, फिर दौड़ने लगी। अदेल ने अपनी नाक खिड़की से इतना चिपका ली कि वह चपटी हो गयी, उसने मुँह बिचकाया, फिर मुस्कुरा दी।

मुझ वह दिखायी देना बन्द हो गयी। मैं ज़्यादा तेज़ नहीं दौड़ सकती थी। जब मैं प्लेटफ़ार्म पर खड़ी थी, हाँफती हुई, अचानक मैंने सुना उसने जो कहा था : 'दुखी मत होना। सब ठीक हो जायेगा।'

फिर उसका दरवाज़ा नजरों से ओझल हुआ। एक के बाद दूसरा, डिब्बे के डिब्बे गुज़रते गये। एक पीली टिमटिमाहट लम्बी धारियों में बदलती गयी। फिर माल-डिब्बे आये। वे गहरे थे और धातु की गन्ध लिये थे। वे धड़धड़ाते गये, फिर सब शान्त था।

जो कुछ भी मैं देख सकती थी वह बस लाल धुँधली रोशनी थी रेल के आखिर में, फिर वह भी ग़ायब हो गयी।

स्टेशन मास्टर चला आया, उसका गहरा लाल झण्डा गीला था। वह उसे सुखाने के लिए टाँगने जा रहा था। उसने मुझे देखा। फिर उसने अपना सिर घुमाया और देखा कि मैं अभी भी वहाँ हूँ। अब आज रात और कोई गाड़ी नहीं आयेगी, माय

डियर, उसने कहा।

मैं सायकिल से घर लौटी। मैं रो रही थी। मैंने पूरी सर्दियों में ऐसा नहीं किया था, न ही गर्मियों में। मेरे आँसू मेरे चारों तरफ़ बारिश की तरह थे, सिर्फ़ कुछ गिर रहा था, बाकी सब में मिल रहा था, हरा, गीला, गहरी भाप से भरी परतें, मुरझाये पौधों का उगाव, एक शान्त विघटन चल रहा था, खेतों में, गड्ढों में, चुप चढ़ाइयों के साथ, जिन्हें मैं देख नहीं सकती थी।

वह चुपचाप बूँद-बूँद टपक रही थी, गरगर बह रही थी, दौड़ रही थी, छपछपा रही थी। रेलवे पटरियों के किनारे आखिरी लैम्प पोस्ट की रोशनी में, मैं देख सकती थी लम्बे वृक्ष, टपकते और काले, गीली पत्तियाँ, दोस्ताना शाखाएँ। जब तक मैं अपने दरवाज़े तक पहुँची, मैंने रोना बन्द कर दिया था। यह काफ़ी होगा लम्बे समय के लिए, कुछ सालों के लिए।

मैंने सायकिल दीवार के कोने का सहारा देकर खड़ी की और भीतर जाने से पहले थोड़ी देर निश्चल खड़ी रही।

मैं अदेल को अपने सामने देख सकती थी। वह टाँगें सिकोड़कर सीट पर डफ़ल कोट अपने ऊपर डाले लेटी है। वह ले जायी जा रही है रात के बीच, समय की सुरंग में तेज़ और तेज़ चली जा रही है, किन्तु उसका चेहरा निश्चल है और शान्ति से भरा है, सारा तीखापन नरम हो गया था। उसका चेहरा फूल की तरह या पत्ती की तरह दिखायी दे रहा है : वह सो रही थी।

दसवाँ अध्याय

सीरि जा चुकी थी, किन्तु बैर्ट आ गया था। वह खरपतवार के ढेर को धम-धम कूट रहा था जो पहले कभी दादी की आलू की क्यारी थी। ज़मीन भूरी और धूसर थी और हवा में ठण्डा स्पर्श था, किन्तु पाला न था।

सुबह थी। वह घर के बाहर ही रुक गया था क्योंकि वह जानता था हम उसे पसन्द नहीं करते थे। हमने उसे रसोई की खिड़की से देखा, हूगो और मैंने। वह प्लेट के किनारे लगे थोड़े से मक्खन की तरह दिख रहा था, चिकना और आधा पिघला।

वह कुरूप था। उसकी तोंद थी और नथुनों के अलावा कहीं बाल नहीं थे। बाहर कुहासे की धूप ने उसके नाक-नक़्श बिगाड़ दिये थे। वह अपनी एड़ियों पर आगे पीछे बिच्छू बूटी पर झूल रहा था, कभी-कभार अपने हाथों को लहराता, ख़ुद की तरफ़ ध्यान आकर्षित करता।

अन्त में मैंने हूगो को हौले से कुछ कहा।

हम बाहर गये और सीढ़ियों पर बैठ गये एक-दूसरे के पास, यह सुनने के लिए कि बैर्ट क्या चाहता था।

वह झेंप रहा था। अपने हाथ ढीली पैण्ट की जेब में डाले—ऐसा दिखायी दे रहा था मानो पेट पकड़ा हो—कुछ देर और बूटी के ऊपर आगे-पीछे, दबे-पाँव शिकारी की तरह तना हुआ। उसके अस्पताली कपड़े धूसर और रंगहीन थे। फिर वह पास आया।

वह पिता की ही उम्र का था, किन्तु वह सर्दियों में बचे हुए आलू की तरह दिखता था। वह उदार था, लेकिन यही काफ़ी न था। उसका बाप उसे पीटा करता था, पिता ने एक बार बतलाया था वह पीट-पीट कर उसे अधमरा कर देता था। लेकिन इससे भी उसका किया-धरा और उसका व्यवहार क्षमा नहीं किया जा सकता।

उस सुबह सूर्य पीला और धुँधला था, पीले कुहासे से ढँका। बैर्ट हमारी तरफ़

ऐंठती हरकतों के साथ आया, कमज़ोरी से खीसें निपोरता और पसीना बहाता, मूढ़। शायद मैंने उस वक्त यह न सोचा था। किन्तु बाद में सोचा।

जब वह सीढ़ियों तक आ पहुँचा, वह हमारे सामने एड़ी के बल उकड़ूँ बैठ गया। उसके नथुनों के लाल बाल साफ़ दिख रहे थे। उसने अपना गंजा सिर खुजलाया और बगलें। उसने दरवाज़े की तरफ़ देखा और मुर्ग़ी-दड़बे को। क्या हम घर में अकेले हैं? बैर्ट ने पूछा।

'नहीं,' मैंने कहा।

'तो फिर आज लामेक घर में है।'

'नहीं,' मैंने कहा। 'वह काम पर है। तुम जानते हो।'

'और फिर सीरि?' वह मूरख बोला।

'वह बाहर गयी है।'

'तब तुम अकेली हो।'

उसने फिर मुर्ग़ी-दड़बे को घूरा और फाटक की तरफ़। उसने एक हाथ में मुट्ठी भर बजरी उठायी और फिर दूसरे हाथ में फिसलने दिया, जैसे कि वह अत्यन्त महत्त्वपूर्ण चीज़ तौल रहा हो, माप रहा हो। फिर उसने धीमी आवाज़ में और जैसे कि बेख़्याली में कहा, 'सीरि डॉ. योनसोन के पागलखाने में है।'

उसने हमारी तरफ़ ग़ौर से देखा कि क्या असर हुआ। मेरे शरीर में कोई हरक़त नहीं हुई। न ही हूगो के।

'वे उसे ले गये है,' उसने कहा।

और उसने बजरी ज़मीन पर गिरने दी, उसके हाथ सीधे घुटनों पर टिके नीचे लटक रहे थे, और वह उदास दिख रहा था।

यद्यपि उसे बाहर और आसपास जाने की इजाज़त थी, सब लोग उस पागलखाने में अण्ड-बण्ड बकते थे जहाँ बैर्ट रहता था। किन्तु वे अधिकांश चीज़ों से वाकिफ़ थे। फिर भी वे अपने मुँह बन्द रख सकते थे। विशेषकर सीरि के मामले में। ख़ासकर तब जब बैर्ट अपने बड़े लहराते कानों को लिए वहाँ होता।

'घर जाओ,' मैंने बैर्ट से कहा।

'नहीं,' बैर्ट ने कहा।

किन्तु वह चला गया। वह खड़ा हुआ, कुछ देर के लिए अपने पैरों पर आगे पीछे झूला, फिर फाटक की तरफ़ चल पड़ा। हूगो और मैं सीढ़ियों पर बैठे थे। सूरज पीली धुँध के पीछे छिपा था। सब कुछ पूर्ववत् था। सब कुछ बहुत बदला हुआ था।

बैर्ट पैर घसीटते हुए झाड़ी की तरफ़ जा रहा था, जहाँ अभी भी कुछ झंखाड़ों में झरबेरी लगी थी, फिर वह चला गया।

बैर्ट के जाने के बाद हमने पिता का इन्तज़ार किया। खिड़की के बाहर सूरज फ़ास्फ़ोरस-सा पीला था, पेशाब की तरह पीला।

मैं सोच रही थी उस दिन के बारे में जब सीरि ग़ायब हुई थी।

वह वसन्त की शुरुआत थी और बहुत ठण्ड थी।

वह अपना काला किमोनो पहने थी, जिस पर पीछे लाल और पीला ड्रेगन कसीदा किया हुआ था, पिता का तोहफ़ा। वह दुखी थी और गुस्सा थी। वह मुझ पर आवेश में चीखी कि पिता ने अपना वादा तोड़ दिया है। वह चिल्लायी कि उसने धोखा दिया है। मैं चीखी कि उसे ग़लतफहमी हुई थी और वह सब कुछ गलत समझी थी।

'हमेशा की तरह,' मैं चीखी।

वह मूरख थी, सनकी, बेवकूफ़! मैं चिल्लायी।

सीरि के बारे में अजीब बात यह थी कि उसका तीर हमेशा निशाने पर बैठता था। फिर वहाँ सच उभर आता। नंगा और भद्दा। कभी सुन्दर नहीं। हमेशा किसी पिशाच की तरह।

वह चीज़ों की कल्पना करती थी। वह बातों को गढ़ती थी। वह पुरानी बातों को ले आती थी, मैं कहती। किन्तु सीरि रसोई के बीचोंबीच अपने किमोनो में खड़ी थी, उसके नीचे उसने कुछ नहीं पहना था। कुछ ठण्डा और जंगली उसकी आँखों में दौड़ गया और इस बार उसकी बात काटी ही नहीं जा सकती थी।

उसने मेरी बाँहें पकड़ीं। उसने मुझे इस तरह झँझोड़ा कि मैं दीवार से टकराते-टकराते बची। दर्द हुआ। वह मुझ पर चिल्लायी, कुछ अश्लील। वह ख़ुद भद्दी थी, दरकी हुई और पीली पड़ी ऐसी ही थी, उसके बाल बिखरे थे और गले पर लाल चकत्ते थे।

सीरि ऐसी ही थी। सच हो या झूठ, क्या फ़र्क पड़ता है, हर कोई किसी भी तरह उसका देनदार है। जो मैंने उससे कहा था उसके लिए मैं भी उसकी देनदार हूँ। वह उसके भले के लिए था, किन्तु वह समझ न सकी।

हूगो, निश्चित ही, कुछ भी अर्थ नहीं निकाल पाया। या शायद निकाल पाया था। वह कोने में तौलियों के नीचे दबा खड़ा था। मन्द और चुप, वह उतना ही बेवकूफ़ दिखायी दे रहा था जितना उसे बनाया गया था, उसका खुला मुँह लटक गया था। सीरि मुझे झिञ्झोड़ रही थी इसलिए मैं कुछ कह नहीं पा रही थी। मेरी साँसें उखड़ रही थीं। फिर वह रोने लगी। इससे कुछ नहीं सुधरा। वह मेज़ पर बैठ गयी, सिसकियाँ भरती।

बाहर सूरज आसमान में ऊँचाई पर था, चपटा और पीला।

आकाश सफ़ेद था और साफ़ बुहारा हुआ। मैं गुस्सा थी क्योंकि मेरी बाँहें दुख रही थीं। मैं और गुस्सा थी क्योंकि मुझे कहने को कुछ सूझ नहीं रहा था। जो सीरि ने कहा था सच था, किन्तु इस बारे में हम क्या कर सकते थे? वह मुझे किसी काम के लिए चाहती थी, मगर क्या? मैंने कहा, उसे किसी चीज़ की कमी नहीं है।

किन्तु फिर उसने अपना सिर उठाया और मेरी तरफ़ देखा। उसने कहा मैं ठीक लामेक की तरह थी।

उसकी आँखें नीली थीं और तीखी और निर्दयी। मैं उससे बच न पाती थी। वह चाकू की तरह थी या तलवार की तरह। वह पूर्णतः असम्भव थी। वह एकदम

बेकार थी। मैंने महसूस किया कि मेरे भीतर कुछ उफ़न रहा है, खून की लहर। मैं उसमें डूबना नहीं चाहती थी। मैं उस पर चिल्लायी, 'हाँ! श्रीमती फ़ॉलक्रान्स के साथ उसका चक्कर चल रहा है, पूरा कस्बा जानता है, तो क्या हुआ।'

मेरे भीतर जो सख़्त और सूखा और छूने योग्य नहीं था वह इस तरह चिल्ला रहा था। मेरी आवाज़ भी छोटी और सूखी थी, मैं ख़ुद यह सुन सकती थी। किन्तु मैं सन्तुष्ट थी, मैंने छाती में गर्माहट महसूस की, कुछ प्यारा-सा और गर्म-सा मेरे पूरे शरीर को धो रहा था।

अचानक सीरि ने रोना बन्द कर दिया। उसने मुझे सूनी आँखों से देखा। वे पूरी तरह ख़ाली थीं। भाव-शून्य और सफ़ेद और नग्न। उसकी आँखें जैसे बाहर का आसमान था, साफ़ बुहारा हुआ। मेरा मुँह सूख गया था। ज़ाहिर है कुछ घटने वाला था।

अचानक ही उसकी आँखों में कुछ तैर आया, वर्णन करना मुश्किल है—एक काला ढेर बादलों का, एक दीवार। वह उसकी आँखों में, उल्टा खुलने वाले अन्धपर्दे की तरह उठा। मैं डर गयी। मैं ठण्डी पड़ गयी। मैंने सोचा वह मुझे पीटने वाली है। ऐसा लगा कि वह टूटकर बिखर रही थी।

किन्तु ऐसा नहीं हुआ, वह सिर्फ़ दरवाज़े के बाहर गयी और इतनी ज़ोर से बन्द किया उसे कि खिड़की तक भड़भड़ायी। जब सीरि गयी तो भी ऐसा हुआ था। यह हुआ क्योंकि मैंने उससे सच कह दिया था। उसे इसकी अपेक्षा न थी, सीरि को।

शायद यह सच न था। मैंने सोचा यह श्रीमती फ़ॉलक्रान्स थी, किन्तु शायद वह अदेल थी।

मैंने झूठ कहा था और फिर भी मैंने ऐसा नहीं किया था। सच या झूठ, यह विचार ही हिला देने वाला है। मैं इससे निपट नहीं सकती। मैं इसको हल न कर पायी। शब्द शायद धोखा देते हैं, ठीक वैसे ही जैसे लामेक ने सीरि को दिया।

मैं नहीं जानती। मैं शब्दहीनता से सबको बचाना चाहती थी, किन्तु हम हमेशा वापिस उसी में डूबते दिखायी देते हैं।

मैं भयभीत थी। भयभीत भी ग़लत शब्द है; जब मैंने सीरि की आँखों में काली दीवार देखी थी, तब जैसे कि मेरा, इंगेर्ट, का अब कोई अस्तित्व नहीं बचा। इंगेर्ट, कुछ नहीं। यह इस तरह था कि मैं पूरी तरह नष्ट कर दी गयी हूँ, मेरा वुजूद ख़त्म, फिर मैं काँपने लगी।

इस पर मैंने उसके जाने तक ध्यान नहीं दिया था। तब मैंने पाया कि मैं काँप रही हूँ, हालाँकि मैं ऐसा नहीं चाहती थी। यह कुछ इस तरह था जैसे कि मेरे भीतर कोई मशीन थी, एक खास इञ्जन, एक ड्रिल, सड़क कूटने वाला एक यन्त्र। मेरा मुँह सूख गया था और मैं प्यास बुझा नहीं सकती थी।

गिलास से पानी छलक गया, जब मैंने पीने की कोशिश की। यह विचित्र था। मैं गिलास हाथ में लिये खड़ी थी, पीने के लिए, किन्तु मेरे हाथ इधर-उधर हो रहे थे, पानी फ़र्श पर ढुल रहा था। हूगो घूर रहा था। मुझे अच्छा नहीं लगा। मैं उससे बड़ी हूँ, ठीक है न? मैं उसे वही बताना चाहती थी।

किन्तु मेरे शब्द गिलास के पानी की तरह थे, मेरे भीतर गिर रहे थे लेकिन बाहर नहीं आ रहे थे। अन्त में मुझे बैठना पड़ा, रसोई की फ़र्श पर धड़ाम से, हाथ में गिलास लिये, क्योंकि मेरे पैरों ने जवाब दे दिया था। मैंने ऐसा पहले कभी महसूस नहीं किया था, मैं अपने कहे में न थी। यह स्पष्ट था।

हूगो रसोई के फ़र्श पर दबे पाँव बढ़ा, अपने पीछे सीरि का किमोनो घसीटते।

वह मेरे पास आया। अब वह रो नहीं रहा था। उसने मुझसे ख़ुद को रगड़ा जैसे कोई पिल्ला या बिल्ली हो। मैं इस बारे में कुछ न कर सकी। उसने रगड़ा और सहलाया और अन्ततः अपनी बाँहें मेरे चारों ओर डाल दीं। ऐसा था मानों वह वाक़ई बिल्ली हो, गर्म और रोंयेंदार।

मैंने अचानक महसूस किया कि मैं ठण्डी थी, फिर मैंने सोचा कि हूगो मुझे गर्म करना जारी रख सकता है। मैं काँप रही थी और रोक नहीं सकती थी, और हूगो अपनी बाँहें मेरे इर्दगिर्द डाले था, हमेशा की तरह गन्धाता, ऊनी रोयें और सर्दियों के पुराने सेबों-सा।

लेकिन पिता देर से आये।

अँधेरा था, पतझड़ आ चुका था। हम लोग रसोई में मेज़ पर बैठे थे। मैंने हूगो के लिए काग़ज़ और क्रेयान बाहर निकाले थे किन्तु शुरू में वह चित्र नहीं बनाना चाहता था। वह भिनभिनाया। फिर उसने कुर्सी की टाँग पर लातें बरसाना शुरू कर दीं।

उसने अपने शिशु-गीत गाना शुरू कर दिये थे। वह लतियाता और गाता और चित्र बनाता रहा, काग़ज़ उसके चारों ओर थे। मैंने मोमजामे पर बने गुलाब के नमूने देखे, छोटे चौखाने, गुलाब कलियाँ मुड़ती शाखाओं पर एक-दूसरे से जुड़ती हुईं।

जंगली गुलाब की झाड़ी के पीछे सो रही राजकुमारी के बारे में मैंने सोचा। वह सैकड़ों सालों से सो रही थी, शायद हज़ारों, फिर राजकुमार के चुम्बन से जागी। मैं आशा करती हूँ वे हज़ारों साल रहे होंगे।

मैंने अख़बार पर नज़र डाली। एक छोटी ख़बर उस कुत्ते के बारे में भी थी जो अन्तरिक्ष में गुम हो गया था और कुमारी-द्वीपों के पास चिनगारियों में बरसता हुआ गिर गया था। मैं अक्सर 'मित्र चाहिए' स्तम्भों को पढ़ती थी।

मेरे भीतर एक ख़ाली सफ़ेद व्योम था, एक हाल या एक गुफ़ा। वह शान्त था और अभी भी भीतर था। दूर कहीं, मैं सुन सकती थी एक सुदूर टपकना, टप, डुप्। जैसे कि कुछ हो गुज़रने को है। जैसे कि कुछ चल पड़ा है।

मुझे उम्मीद थी यह पिता होंगे।

मैं उनसे कहना चाहूँगी कि वे तत्काल जायें और सीरि को घर लिवा लायें। अगर वे नहीं लाते, मैंने सोचा उन्हें मैं याद दिलाऊँगी कि वे ही थे जिन्होंने बिना विचारे डॉ. योनसोन को सीरि को बिजली के झटके देने के रास्ते पर डाला। उसने कभी इसके लिए उन्हें माफ़ नहीं किया, वे अच्छे से यह जानते थे।

सफ़ेद गुफ़ा में कुछ था : शर्मिन्दगी। यह इसलिए था कि मैं इतनी कमज़ोर हो गयी थी कि सीरि से सच मैंने कह दिया था। शायद वह सच न था।

मैं चाहती थी वह घर आ जाये तो मैं उसे यह बतला सकूँ। मैं उसे कहना

चाहती थी मैंने मूर्खता की थी। यह था जो मैं उसे कहना चाहती थी। मैं बाकी हर बात से मुकर जाऊँगी, यहाँ तक की अदेल से भी। ख़ासतौर पर अदेल।

हूगो ने पिनकना शुरू कर दिया और अपने क्रेयान गिरा दिये। मुझे खेद था कि वह शायद भूखा हो। मैं सायकिल से जाकर, सामान लाना भूल गयी थी। खाने की जगह, हमने अपने मुँह हूगो के क्रेयान से रंगे। मैंने अपनी आँखों के चारों ओर काले छल्ले बनाये ताकि मैं खोपड़ी जैसी दिख सकूँ। फिर मैंने, लाल, हरी और नीली रेखायें मेरे माथे, और गाल पर बनायीं, रेड इण्डियन की भाँति। मैंने अपने गाल फुला लिए और रसोई के परदे के पीछे छिपकर हूगो को डराने की कोशिश की।

मैं सफल रही।

मैंने उसका पीछा किया, रसोई और कमरे और ऊपर अटारी तक फिर नीचे। वह इतना चीखा कि घर गूँज उठा। वह हाँफ रहा था और लम्बी साँसें भर रहा था और लड़खड़ा रहा था और फिर खड़ा हुआ और भागा, वह इतना थक चुका था कि खाने के बारे में भूल गया और सो गया था। मैं भी थक गयी थी, और मैंने घर के लैम्प बुझाये, सीरि के बिस्तर के ऊपर लगे छोटे लैम्प को छोड़कर।

फिर मैं हूगो से सटकर सो गयी।

बाहर फाटक धड़ाम से बजा। मेपल के पेड़ों में हवा बहने लगी।

मैंने सीरि के बारे में सोचा, इतनी दीन और निष्कवच, और इस कारण उसे हमने प्यार से रखा और सच से बचाने की कोशिश की। वास्तव में यही सीरि हमें सत्य की तलवार से मार सकती थी। क्या पिता यह जानते हैं? क्या इसी कारण सीरि पागलखाने में थी?

वह तलवार उसके हाथ में ही रहती थी। वह हमारे सिरों के ऊपर उसे झुलाती थी। क्या हम लोग सीरि के बजाय ख़ुद को बचाने में ही नहीं लगे थे। यह नया विचार था और इसने मुझे जगाये रखा। हूगो सीरि के बिस्तर में सो रहा था और मैं उसके

नज़दीक लेटी थी, सो नहीं पा रही थी।

हवा रो रही थी और फाड़े दे रही थी, मेपल अपनी शाखायें खिड़की से रगड़ रहा था। किन्तु अन्त में मैं भी सो गयी।

पिता आधी रात को घर लौटे, सन्तरों का झोला लिये।

मैं जाग गयी। मैंने देखा कि वह रसोई की मेज़ पर लैम्प के नीचे बैठे पढ़ रहे हैं। वह और दिनों की तरह दिख रहे थे। मैं ख़ुश थी कि वे घर में है। मैंने उनके आने की आवाज़ नहीं सुनी। मैं उनके सामने बैठ गयी। मैंने बताया कि सीरि कहाँ थी।

सिर हिलाया। वे पहले से ही जानते थे।

वह वसन्त की शुरुआत से ही जानते थे। वे हूगो और मेरे बारे में कुछ नहीं बोले। उसे वापस लाने की कोई कोशिश नहीं की जबकि मैंने कहा था। वे सिर्फ़ अख़बार के पन्ने पलटते रहे। एक छोटी मांसपेशी फड़क रही थी, उनकी आँख के पास, चूहे की तरह, अन्यथा वे हमेशा की तरह सामान्य दिखायी दे रहे थे।

मैंनें सन्तरे छीले और उन्हें खाया। मैंने तीन खाये। मैंने सोचा यह अजीब है कि मैंने उसके आने की आवाज़ ही नहीं सुनी। लगता है कार्टून-फिल्मों की तरह, वे हाथ में जूते लिए घर में रेंगकर आये हों। मैंने सोचा यह अच्छा ही हुआ कि वसन्त के उस दिन वे घर पर नहीं थे जब सीरि गायब हो गयी थी। वे सहन नहीं कर पाते।

सारे सन्तरे ख़त्म हो चुके थे। भाग्य से घर पर मैं ही थी, मैंने बार-बार इस पर विचार किया। पिता सीरि से निपट नहीं पाते, जब वह अपने हाथ में सत्य की तलवारें थामे थी। किन्तु मैं कुछ क्षण के लिए ही काँपी थी, फिर सब ठीक हो गया।

मैं पूछना चाहती थी उन्हें अदेल की कोई ख़बर है, किन्तु मेरी हिम्मत नहीं पड़ी। जब मैं वापस अपने बिस्तर पर जाने की सोच रही थी, और उन्होंने अख़बार से सिर उठाये बगैर कहा सीरि अस्पताल से भाग गयी है। उसने डॉ. योनसोन की कार अहाते में देख ली थी, मोरिस, चाबियाँ अन्दर ही थीं। उसने चुरा लीं। किन्तु उसे चलाना नहीं आती थी, उसने टकरा दी।

शायद वह घबरा गयी थी, पिता ने कहा, अख़बार का पन्ना पलटते हुए, क्योंकि उन्होंने उसे तेज़ दवा दी थी। कार ख़त्म हो गयी। उन्होंने सर उठाया और टेबल की दूसरी तरफ़ से सीधे मुझे घूरा। वे उदास दिख रहे थे। छोटा चूहा आँख के पास फड़फड़ाया। पूरी तरह ख़त्म, उन्होंने धीमे से कहा।

'और सीरि,' मैंने पूछा।

'सीरि भी,' उन्होंने कहा।

हम लोगों को कुछ हो गया था : शायद मैं कभी नहीं जान पाऊँगी क्या।

मैं सिर्फ़ यही जानती थी कि इसका सरोकार प्रेम से था।

वह हमारे लिए बहुत बड़ा था। लामेक हमें प्यार करता था और हम उसे। सीरि और भी ज़्यादा—उसकी मौत उसी से हुई। अदेल के प्रेम ने बड़ी भूमिका निभायी और कैफ़े वाली औरत के प्रेम ने भी। और वह जितनी भी मरी हुई क्यों न हो, दादी ने भी।

वे सब लामेक से प्रेम करती थीं : और यह हम लोगों के लिए हद से ज़्यादा हो चुका था।

मेरी बहन अदेल कुछ समय के लिए कस्बे में थी, फिर वह लौट गयी।

छोटी चक्करदार गतियाँ उसके चारों ओर उठीं, एक अशान्ति। यह सम्भव था कि सिर्फ़ इतना ही हुआ था। यह जीवन में एक छोटी अप्रत्याशित हार थी, बहुत छोटी, किन्तु हमारे लिए बहुत बड़ी।

जिस दिन सीरि को दफ़नाया गया, खून आया और मैं वयस्क हो गयी। मैं हैरान थी। मैं नहीं जानती थी क्या करना है। मैंने कुछ कागज़ लिए और भर लिये।

वहाँ सिर्फ़ हम थे, पिता हूगो और मैं, दफ़नाने के लिए, और एक पुजारी :

वह सीरि के बारे में कुछ नहीं जानता था। ऊँचे पेड़ों में हवा बह रही थी। उन्होंने सीरि को उसी कब्र में उतारा जिसमें दादी थी।

सीरि कभी राज़ी नहीं होती यदि वह ज़िन्दा होती। मैंने पिता को बताया। वे हूगो का हाथ थामे थे। उन्होंने कहा यह परिवार की कब्र है और दादी ने पहले से ही भुगतान कर दिया था।

मृतक शान्ति में है, पिता ने कहा, उनका हैट, दूसरे हाथ में था और वे कुछ ख़ास आश्वस्त नहीं दिख रहे थे।

जब सब पूरा हो गया, वे सायकिल से उसी फ़ॉलक्रान्स के पास चले गये।

हूगो और मैं बस से लौटे।

मैदान से शहद-सी पीली रोशनी जा चुकी थी। अनिश्चित हवा के छोटे झोंके एक हो गये थे और अब तेज़ हवाएँ थीं।

स्कूल काफ़ी समय से शुरू हो गये थे, मैं नहीं गयी और उन्होंने ध्यान नहीं दिया।

अभी भी मौसम गर्म था। हूगो और मैंने अक्तूबर में स्ट्राबेरी ढूँढ़ते। एक दिन हमने सारस देखे। हमने उन्हें पुकारते सुना और हम बाहर भागे। वे ऊपर आकाश में थे, हवा के कारण उड़ना कठिन था। वे अपने पँख पाल की तरह फैलाते और आसमान में तिरछे तिरते जाते।

कभी झुण्ड बिखर जाता, अकेली चिड़िया हवा द्वारा ले जायी जाती, किन्तु उसके बाद वे फिर एक हो जाते। वे आसमान में देर तक दिखते रहे थे, एक क्षण वे पास आ जाते, साँस लेने की तरह, फिर अलग हो जाते, जैसे कि झुण्ड साँस ले रहा है, जैसे कि वह फेफड़ा हो।

हम खेत में खड़े थे, हूगो और मैं, सिर ऊपर किये, चिड़िया देखते, और चिड़ियों को धड़कते और बिछुड़ते और मिलते देखते रहते। फिर हठपूर्वक वे अपने चुने रास्ते पर चले जाते, अन्त में घर के पीछे छिप जाने और ग़ायब हो जाने के लिए।

हम जानते थे कि अब कभी ऐसा दोबारा नहीं होने वाला है।

हूगो ने अपने क्रेयान एक तरफ़ रख दिये। वह अपने को शब्दों के लिए तैयार करता है, किन्तु फिर भी कुछ नहीं कहता। जल्दी ही जमकर बारिश होने लगी। मैदान भूरा हो गया, कीचड़ छपछपा रहा था। बारिश हवा के द्वारा खिड़की पर झटके से फेंकी जा रही थी, भूरा-सा धूसर, अपारदर्शी पानी रसोई की खिड़की से नीचे बह रहा था। हमने रसोई का लैम्प जला लिया, हालाँकि अभी सिर्फ़ दोपहर थी।

हम एक दूसरे के सामने बैठ गये, कोको पीते हुए। मेरे भाई ने गुलाब कली को भूरे कोका मिक्स्चर से धीरे-धीरे भर दिया, बेध्यानी में पूरा समय कुर्सी को लतियाते हुए, किन्तु वह गा नहीं रहा था। उसने अपने को बदलने की ठान ली थी।

मैंने उसे बतलाया सीरि की आसमान की यात्रा के बारे में और उसने ध्यान से सुना।

वह डॉ. योनसोन की कार थी, मोरिस।

सीरि अपने घर लौट रही थी अपने प्यारे बच्चों के पास जिनकी वह कमी महसूस कर रही थी। वह अधीर थी इसलिए वह तेज़ चला रही थी। उसने एक्सीलरेटर पर ज़ोर से पैर पटका और उस लम्बे उतार पर, जो जलमीनार से हमारे तक नीचे पहुँचता है, कार उठ गयी। वह तेज़ चला रही थी।

शायद वह दवाइयों से कुछ चकरा गयी थी या शायद उसे कुछ नींद आ रही थी। किन्तु वह ख़ुश थी और जानती थी वह कहाँ जा रही थी, और कार उठी और वह डॉ. योनसोन की कार में आकाश में उड़ी। वह नीचे के मैदान को और उसके पार समुद्र को देख सकती थी।

वह ऊँचा और ऊँचा तैरती गयी। वह सूरज के बहुत नज़दीक तैरने लगी और उसे इतना ध्यान नहीं रहा कि कार उसके पीछे धरती पर गिर रही है। यह भी

नहीं कि उसका अपना शरीर उसके साथ नहीं गिरा।

उसने अपने चारों ओर बादल देखे। उसने दादी का घर देखा जहाँ वह जानती थी कि हम इन्तज़ार कर रहे थे। वह ऊपर आ गयी थी, हवा की ऊँची सतहों पर जहाँ ब्रह्माण्ड की किरणें हैं जहाँ लोग रूपान्तरित हो जाते हैं।

पहले वह सारस थी। हूगो और मैं बाहर खेतों में हवा में खड़े हुए थे और हमने उसका हाथ हिलाकर अभिवादन किया। किन्तु फिर वह बहुत ऊँचाई पर चली गयी थी, वह तारिकाधूलि बन छितर गयी थी।

इसके बारे में मैंने पुस्तकालय में पढ़ा था और हूगो को बतलाया था। तारिकाधूलि अन्तरिक्ष में फैल जाती है और दूर कहीं दिव्य शरीरों तक ले जायी जाती है और नये तारक समूह बनाती है फिर वह अन्तरिक्ष में चमकदार रोशनी की तरह दिखता। ऐसा हुआ था सीरि के साथ। सर्दियों में हम लोग उसे कुकुर नक्षत्र तारे के रूप में देख सकते थे, कुकुर नक्षत्र आकाश का सबसे चमकीला सितारा, वह वहाँ की यात्रा करेगी और उसके बाद वह हम सबको भूल जायेगी।

हूगो ध्यान से सुनता रहा, उसकी आँखें शायद ही हटी हों। और मैं जानती थी बाकी सबको लेकर कुछ भी हुआ करे, जो मैं सीरि के बारे में बतला रही थी, सच था।

फिर वे आये और हूगो को ले गये। वह बहुत लम्बे समय तक कुछ नहीं बोला, इसलिए उन्होंने सोचा कि वह पगला गया है। लामेक ने मना करने की हिम्मत न की। मेरी कोई नहीं सुनता, किन्तु मैं उनसे बेहतर जानती थी।

मैं हूगो को बाद में ले आऊँगी और हम दादी के घर लौट आयेंगे।

□□